性别素养
教育丛书

U0831394

阳光男生户外教程

yangguang nansheng huwai jiaocheng

柴海军 侯玲◎著

总 主 编：赵学文 张勇耀
本册主编：柴海军 侯 玲
副 主 编：刘海燕 张书君 李宏伟
编 委：柴海军 侯 玲 宋佳茂 张书君 史静雪
杜景礼 赵青锋 刘海燕 张金翠 吉 萍
陈俊明 郭军莲 郭玉清 韩志英

山西出版传媒集团 山西教育出版社

图书在版编目(CIP)数据

阳光男生户外教程/赵学文等编. —太原:山西教育出版社,2017.5
ISBN 978-7-5440-7108-6

Ⅰ.①阳… Ⅱ.①赵… Ⅲ.①男性-健身运动-教材 Ⅳ.①G883

中国版本图书馆 CIP 数据核字(2017)第 077003 号

阳光男生户外教程
YANGGUANG NANSHENG HUWAI JIAOCHENG

责任编辑 韩德平
复　　审 冉红平
终　　审 彭琼梅
装帧设计 陈　晓
印装监制 蔡　洁

出版发行 山西出版传媒集团·山西教育出版社
(太原市水西门街馒头巷 7 号 电话:0351-4729801 邮编:030002)
印　　装 山西新华印业有限公司
开　　本 720×1020 1/16
印　　张 11.25
字　　数 199 千字
版　　次 2017 年 8 月第 1 版 2017 年 8 月山西第 1 次印刷
书　　号 ISBN 978-7-5440-7108-6
定　　价 28.00 元

做一个阳光刚强的运动男生（代序）

柴海军

一阴一阳谓之道，道谓之妙。

这个世界从来都在追求阴阳平衡，但是我们现在的男生，明显缺失的却是阳刚之气。

君不见，电视上常是一些红男绿女，嬉戏玩闹。各种娘娘腔、伪娘反而成为时尚……

君不见，从小学到高中，各种考核都是在照顾顺从听话的女生，男孩子的敢闯敢做、大胆探索反而经常被打击批评……

君不见，时下流行的郭敬明等作家打造的一批文学形象基本都是文弱苍白、手无缚鸡之力的小男人，而这样的形象反而在不少中学生中大有卖场……

是中国男生从古至今都缺乏阳刚之气吗？

本书第一章所介绍的从远古流传下来的民间小游戏，诸如老鹰捉小鸡、抽陀螺、抖空竹、放风筝等，让我们男生会运动、爱锻炼，学会和周围的人和谐相处。第二章，从小时候的皮球到长大后的篮球、足球乃至其他各种球类运动，都可以让我们男生学会沟通、学会协作、学会负责、学会担当。第三、四两章介绍的旱冰鞋和滑板，在培养男孩子锻炼方法的同时，让他们学会面对困难，勇于挑战。第五章说到了骑行，不管是山地自行车还是公路自行车，不管是炫技还是长途，都让我们男生在锻炼的同时，知道亲近自然，学会保护环境。第六章的骑马、骑驴、骑骆驼，则让我们男生走出室内，走到广阔的天地间，在学会和动物和谐相处的同时，感悟天人合一。第七章说的野炊、野营，让我们男生学会了与人打交道，学会了沟通与合作。第八章我们说到了在水边钓鱼，让男孩子不再“疯疯癫癫”，能凝神静气，领会自然万物的和谐统一。第九章、第十章主要介绍打靶射箭、游泳潜水，可以让我们男生知道尊重他人，遇到困难能冷静思考，沉着应对，做一个有担当、有责任感的人。

再长大一些，我们男生更要走出去，面对大千世界，不惧任何困难，沉着冷静有智慧，胆大心细能抉择。那就要敢于让我们男生背上行囊去远足，不管是漂流还是冲浪，不管是登山还是攀岩，或者模拟野战、荒岛生存，都能够让我们男生开拓视野，在锻炼身体的同时，学会独处，学会沟通，学会担当，学会合作、分享和宽容，培养我们男生的大胸怀、大气魄，从小养成负责任的态度，不仅要对自己和家人负责，更重要的是要对自然环境和我们赖以生存的地球负责。这是我们在第十一章到第十六章里给大家介绍的内容。

第十七、十八两章我们主要介绍了地质考察、古迹寻访、民俗调查、人物采访……这些可以帮助我们男生通过不断探索，更好地认识自己所在的世界，认识自己生活的家国的历史渊源与历代先贤，帮助我们男生树立正确的英雄观和个人价值观，知道尊崇什么样的人物，了解一个英雄人物的成长环境和动力，进而培养健康而积极的人生追求，培养爱憎分明、有正义感的人生态度。

最后一章，我们把全书的结尾定位到“乘着热气球去旅行”，不仅仅要把我们男生培养得刚强、有智慧而又勇敢无畏，既敢于冒险，又敢于承担，而且还主张我们男生要追求健康的生活方式，志趣高雅；不仅要学会奋斗，同样也要学会享受生活、优雅生活；不仅要敢说敢做、勇于探索，更要有健康的心理和心态，不管走到哪里，都大方稳重、以礼待人，彰显大国风范。

当然，培养阳刚之气，并不是要培养大男子主义。一个平凡的老百姓也可以是一个有骨气、有担当，敢挑战、能吃苦，面对失败不气馁，爱家爱国爱社会、有情有义有责任的人！

相信这本书，不会让你失望！

目录

第一章　永不过时的室外小游戏

二十世纪七八十年代，经济不够发达，全民的文化生活很是单调，小孩子们的文化生活更加匮乏，一年中难得看几回电影，而且每次看电影就像是过节。在这样的情况下，爱玩的孩子们就发明了很多小游戏，回想起来，很是有趣。这些小游戏规则简单，容易上手，而且对于今天的孩子们来说更有意义，可以培养孩子们的团队合作精神，益智又健身。虽然是些传统的游戏，但永远都不会过时。

老鹰捉小鸡

老鹰捉小鸡，俗称“黄鹞吃鸡”，又叫“黄鼠狼吃鸡”，是一种需要多人参与的益智小游戏，通常在户外或者在一定的空间里进行。

该游戏的方法是：游戏前先用“石头、剪刀、布”猜拳的方式划分角色，一人充当老鹰，一人充当母鸡，其余人都充当小鸡。母鸡和小鸡们排成一队，母鸡排在最前面，小鸡们依次牵着衣襟排在母鸡后面，老鹰就站在母鸡的对面，做出捉小鸡的姿势。游戏开始时，老鹰叫喊着，做扑向小鸡的动作，小鸡们躲在母鸡身后不让老

鹰捉到自己，母鸡则张开双臂护着小鸡。老鹰就这样叫着转着圈去捉小鸡，母鸡则带着小鸡们左右躲闪，不让老鹰逮着小鸡。

如果老鹰突破了母鸡的防线，快要抓到最后面的小鸡时，小鸡立即蹲下，双手捂住耳朵，老鹰就得重新回到母鸡前面，游戏接着进行。如果小鸡不幸没有做出相关反应，被老鹰抓住了，就算老鹰获胜，则这一轮游戏结束，队伍解散。重新通过猜拳确定角色，开始新一轮的游戏。在整个游戏中，老鹰处于进攻的一方，但不可以攻击母鸡，母鸡只能防守，不能攻击。

培养品质

老鹰捉小鸡的游戏简单、易行，只要有场地就可以随时开始，对发展孩子们的灵敏性和协调能力有好处，同时可以增强孩子们的团结、合作意识，培养机智、勇敢、顽强的个人品质。

注意事项

老鹰捉小鸡的游戏操作很简单，但因为是多人参与的游戏，小鸡们一个挨着一个，拉着衣襟在跑动中躲闪，所以要特别注意安全，动作不能过大。本游戏讲究动作的协调一致，跑动的过程中要注意不能太激烈，以免跌倒，造成伤害。另外注意选择平整松软的场地，如草坪、塑胶跑道等，绝对不能在凹凸不平，甚至有尖锐石块的场地上进行游戏。

丢手绢

“丢、丢、丢手绢，轻轻地放在小朋友的后面，大家不要告诉他。快点快点抓住他，快点快点抓住他！”

这首儿歌大家都知道吧，反映的就是丢手绢的游戏。丢手绢，也叫丢手帕，是我国传统的民间儿童游戏。游戏开始前，先准备一块手绢，然后推选出一个丢手绢的人，其他的人围成一个大圆圈，面向圆圈内蹲下（或者坐下）。游戏开始后，丢手绢的人站在圆圈外面，沿着圈外走，同时要不知不觉地将手绢丢在某个人的身后。被丢手绢的那个人要迅速发现手绢，站起来去追赶丢手绢的人，丢手绢的人沿着圆圈外奔跑，跑到被丢手绢的人原来坐的位置迅速蹲下（或者坐下）。如果丢手绢的人没来得及蹲下（或者坐下）就被追的人抓住，就要表演一个节目，唱歌、跳舞、讲故事等等。如果追的人没有追上，那他就要充当丢手绢的人，开始新一轮的游戏啰！

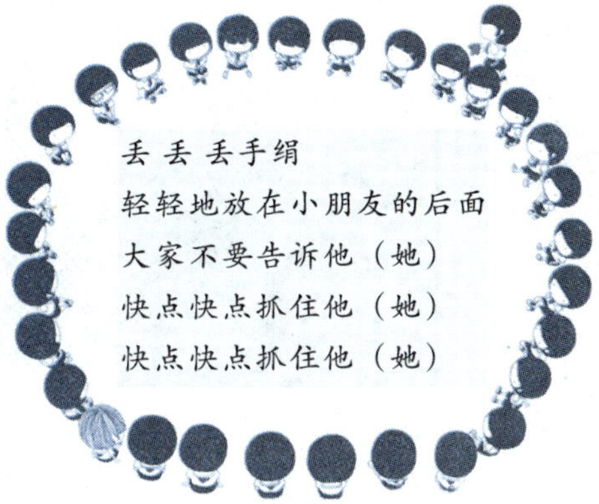

培养品质

丢手绢的游戏可以有效促进孩子们的身心健康，锻炼他们的应变能力、身体的灵活性和在公共场合的表现能力。在游戏过程中，孩子们始终处于主体地位，保持着身心愉悦的精神状态，对于培养乐观开朗、积极向上、交流互动、团结友爱的品质很有帮助。

注意事项

在丢手绢的游戏中，被丢手绢的人要追赶丢手绢的人，所以要注意跑动过程中的安全，既不能自己跌倒，也不能栽到别人身上去，其他人更不能用手、脚或身体的其他部位去阻挡他们，以免造成伤害。由于追赶时运动量较大，所以要注意速度不能太快，追赶的时间不能太长，感觉累了，要及时主动换人。另外，游戏最好选择在平整松软的草坪或塑胶跑道上进行。

5 抽陀螺

抽陀螺，有不少的叫法，如“打陀螺”“打地螺”“抽地牛”“赶老牛”“打猴儿”“打格螺”“拉拉牛”等等。抽陀螺游戏历史悠久，是一项深受少年儿童喜爱的传统娱乐项目。陀螺有陶制的、木制的、石制的、竹制的、塑料的等等。抽打陀螺的鞭子也有讲究，鞭杆通常选用竹竿，弹性越好越佳；鞭梢有用柔韧结实的细皮条扭成的，也有用光滑柔软的麻条搓成的。

陀螺多为圆锥形，上大下尖，以尖头着地。游戏开始时，用鞭绳缠绕螺身，然后旋转放开鞭绳，使陀螺旋转；或者用手直接旋转陀螺，着地后，用鞭子抽打，使其旋转。

陀螺的玩法很多，常见的、比较简单的如持久比赛：找块平整的空地，两人或多人同时旋转抽打陀螺，谁的先停下来谁就算输，输的人要接受别人的“惩罚”。还有定点比赛，在地上放个圆盘或画个圆圈，然后在离圆盘或圆圈一定远的距离画一条线当起点，每个人都从这个起点处抛掷陀螺，能使其在圆盘或圆圈内转动者，就算成功，失败者则被淘汰；成功者进入第二回合，同时加大起点到圆盘或圆圈的距离，如此来决出最终的“陀螺王”。

相对复杂的玩法如画圆圈：在地上画一个圆圈，直径在一到两步之间。圆圈的中央，再画一个小圆圈，各人轮流将自己的陀螺往圆圈里打，并让陀螺自己旋转出圈外。有时陀螺在旋转过程中会定在某一点上转动，这时可用鞭子将它圈住勾出圈外，只要到达圈外时还在旋转，那就不算它“死”。如果陀螺在圈内不转了，或者鞭子抽下去陀螺不转了，就算“死”了，要放在当中的小圆圈内，任由别人处罚。

随着时代的发展，制作陀螺的材料在革新，陀螺的样式也发生了变化，玩法也层出不穷。当然，玩陀螺的许多规则都可以自己约定，只要参与游戏的人愿意遵守，你就可以创造出新的玩法。

培养品质

抽陀螺的游戏是一种全身运动，不仅可以促进血液循环，还能让全身的关节和肌肉得到锻炼。更重要的是在游戏的同时，愉悦了身心，提高了自信，增强了意志，无形中培养了自身的竞争意识、团队意识和集体荣誉感。

注意事项

抽陀螺游戏中，游戏者要用长鞭不断抽打陀螺，所以抽打要准，不能抽到别人身上去。围观者要与游戏者保持一定的距离，以免受伤。另外，运动场地要平整，北方一些地方喜欢在冰面上进行游戏，需多注意冰面的承受力，以免发生溺水事件。

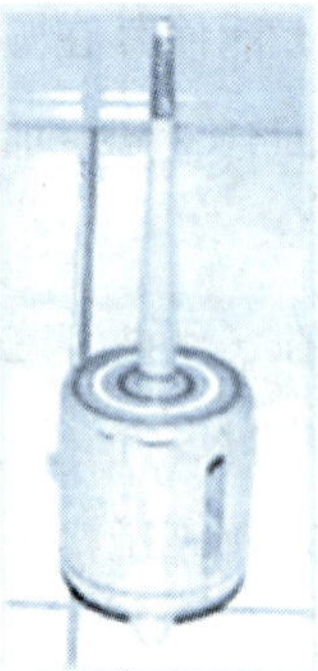

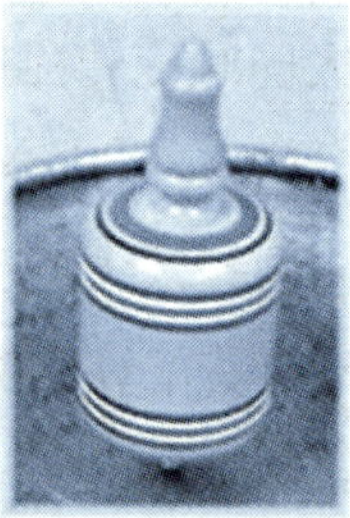

抖空竹

抖空竹是一项十分有趣的民间娱乐项目。在我国北方，逢年过节，孩子们都喜欢抖空竹，并能要出很多的花样。

空竹一般为木质或竹质，中空，是用线绳抖动可以使其高速旋转并发出响声的一种玩具。

普通的空竹有双轴和单轴之分，轴、轮和轮面是木制的，轮圈是竹制的，竹盒中间是空的，四周留有哨孔，旋转时可以发出声音，中柱腰细，用来缠绳抖动使其旋转。玩的人双手各拿两根小竹棍，顶端分别系着一根长约一米五的棉丝线的两端，绕线轴一圈或者两圈，一手提一手送，不断抖动，旋转速度快时，空竹就会发出响声。

抖空竹时姿势多变，绳索翻花，可以表演出多种动作，常见的有以下几种：

鸡上架：等空竹急转之后，将绳扣解开并把空竹抛起，再用竹棍接住，使空竹在竹棍上跳滚或者转到另一个竹棍上。

仙人跳：用脚踏着绳子的中段，使在脚一侧转动的空竹跃过脚背跳到另外一侧。

满天飞：将空竹抛起，然后用绳子接住，再抖或者继续抛掷。

放捻转：适用于单轴的空竹，把空竹轴端（尖的一头）放落到平滑的地面，轮面朝上，使它旋转，待转速减慢时救起来继续抖动。

抖空竹集娱乐性、游戏性、健身性、竞技性和表演性于一身，技法多样，现在掌握的花样技法已有100多种，还有双人、多人等多种集体花样。

近年来，抖空竹越来越受到人们的喜爱，小孩儿们以此为游戏，中老年人以此来强身健体，还出现了许多表演空竹的演员，创新了抖空竹的花样，不少精彩的节目更是走上了春晚的舞台。

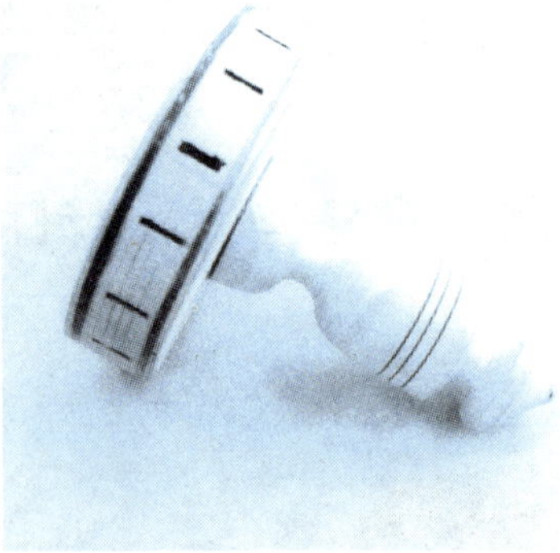

单轴空竹中的单轮空竹

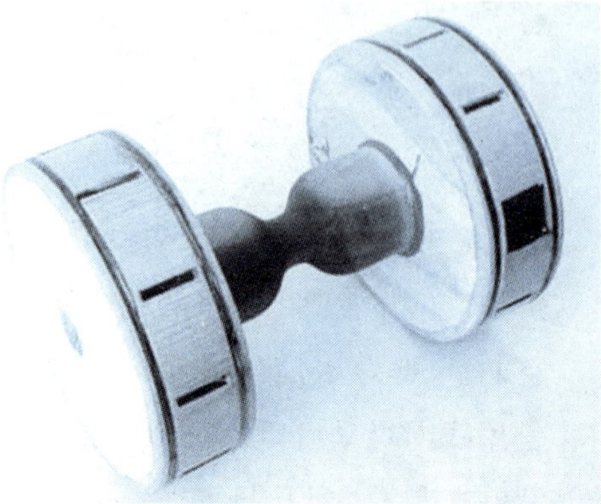

单轮空竹中的双轮空竹

培养品质

抖空竹既是一种健身运动，又是一种娱乐项目，极具表演性、竞技性和观赏性，既可以强健身体，又可以培养人的应变力、灵活性、协调性和创新性，同时又有助于拓展人的视野，陶冶人的情操，锻炼人的意志。

注意事项

抖空竹对于场地的要求不高，只要有一定的空间，地面较为平整就行。但是对安全要求还是较高的，一是个人的安全，必须量力而行，切不可过于追求高难度动作，以免造成身体伤害；二是他人的安全，因为抖空竹时可能会有同伴或围观者，而空竹时常会有落地或抛出的情况发生，所以要注意别给同伴或者围观者造成伤害。

名人故事

在首都北京，抖空竹的历史悠久，群众基础稳定，技术技巧成熟，因此北京

成为抖空竹发展传承最具代表性的地区之一。2006年5月，国务院公布了第一批国家级非物质文化遗产名录，抖空竹顺利入围。

北京市西城区护国寺小星胡同内，有一座古色古香的四合院，这就是北京空竹博物馆，两大间展厅内陈列着各种各样的空竹。博物馆馆长是首批国家级非物质文化遗产抖空竹技艺代表性传承人李连元，就是他率领着北京西城区广内空竹艺术团将空竹抖进了北京奥运会。

李馆长家原来是老天桥的，祖辈和父辈都是做小生意的。李馆长小的时候，祖父和父亲忙着做各种糖、茶汤和元宵，奶奶和妈妈就带着孩子们踢毽子、抖空竹，虽然长辈们也希望孩子们跟着学点做生意的技艺，但孩子们毕竟还小，对抖空竹等游戏更感兴趣。

李馆长回忆起少年时代抖空竹的经历，虽然过去了很多年，依然历历在目。他说，抖空竹很容易上手，加上自己特别上心，仔细看、喜欢问，勤学苦练，技艺进步快，经常得到奶奶的夸奖，干劲冲天。遇到看他抖空竹的人多时，那空竹更是抖得山响，扔得老高。大家喊声好，他就越发得意，玩得花样更多，显摆劲更足。

李馆长小时候抖空竹抖得好，经常在家中的生意摊子旁表演，引来大批的观众，一定程度上也帮了家里的忙。常常是他和奶奶一起表演抖空竹，一老一少，一个玩“猴爬杆”，一个玩“钓鱼”；一个玩“闪金背”，一个将空竹高高抛起又接住。祖孙俩的表演很是吸引人，摊子前围观的人多了，生意自然就好了。

如今的李馆长，一面管理着空竹博物馆，一面忙着教徒弟、搞培训，想着将抖空竹的技艺一代代传承下去，同时还和徒弟们研究创新技法，期望抖空竹的技艺能进一步发扬光大。

放风筝

风筝最早称纸鸢，后来又有了风琴、纸鹞等名称。它最早是一种测量和通信工具。据说春秋时期鲁班就曾“制木鸢以窥宋营”，汉朝大将韩信曾用纸鸢进行地势测量，梁武帝曾利用纸鸢传信，但没能成功，唐将张丕被围困时利用纸鸢传信顺利引来援兵。到了后来，风筝慢慢演变为一种传统游戏。晚唐时期，人们为了让纸鸢玩得更有趣，在上面加了竹笛，纸鸢飞上天后被风一吹，就发出了“呜呜”的声响，像筝的弹奏声，于是人们把“纸鸢”改称“风筝”。

放风筝上天必须要具备两个条件：有风，有提线牵引。

具体而言，放风筝要注意这样几个事项：

1. 放风筝前要先感知或测试一下风的大小和方向。风力过小或过大都不适宜放风筝。

2. 在风力合适的时候，自己拿风筝的提线，逆风向前边跑边看，同时注意风筝飞升的状况够不够平稳，直到感觉风劲够，风筝向上爬升时，方可停下来慢慢放线。当感觉风力不足，风筝线松弛时，要快速收线；如感觉风筝线有拉力时，就要及时放线。

3. 当风筝平稳飞翔时，可把风筝线拿好任其飘浮。遇到风力突然转强，风筝摇摆或者倾斜角度过大时，可以迅速放线或者朝着风筝奔跑，以免断线。如果遇到风力转弱，风筝向下坠落时，可将风筝轻轻拉动几下或迅速向前跑几步，也可以采取迅速收线的方法处理。

4. 如遇几个风筝的线发生交接甚至纠缠时，需尽快与别的施放者互相交换位置使线分开。

5. 收风筝时，要慢慢收线，尽量远离大树或高建筑物，以免风筝被挂住。

培养品质

放风筝尤其培养孩子的耐心。刚开始学习放风筝的时候，很多人并不能一下子顺利掌握方法和技巧，学习和练习放风筝的过程就是锻炼孩子耐心的过程。同时，孩子还要一直关注风筝的飞升状况，及时处理可能出现的种种情况，这不仅培养了孩子的专注力，而且培养了应变能力。

注意事项

1. 放风筝时要选择宽敞的非交通道路，地面要平整，不能有沟沟坎坎。事先观察好运动范围内建筑物的情况，因为在放风筝的过程中人总是在倒行，所以要特别注意防止摔伤。

2. 要注意远离机场、桥梁、电线杆等，以免影响交通或发生危险。

3. 要注意根据天气变化做好对皮肤和身体各器官的保护，避免强烈日光带来的晒伤。雷电天气绝对不可以放风筝。

4. 尽量不要在人多的地方放风筝。在人群比较集中的广场上放风筝时，一定要注意不要影响到别人的活动，避免轮滑或者骑行的人没有看见风筝线，而发生割伤甚至割喉的情况。

历史故事

秦朝末年，天下大乱，农民起义军四起，最后形成了以刘邦和项羽为领袖的两大起义军集团。两大起义军反复征战，刘邦一直处于弱势，直到最后，刘邦联合其他几支起义军一起将项羽的军队围困在垓下。在这场战争中，刘邦手下带兵打仗最厉害的韩信，用“十面埋伏”的计谋把项羽的军队团团包围，但项羽的军队战斗力依然很强。为了瓦解项羽军队的军心，韩信派人用竹架和牛皮制成大型风筝，上面绑上竹笛，到了晚上便将风筝放到空中，风吹着笛子发出凄凉的声音，又命令包围项羽的士兵一起唱楚国的歌谣。项羽的士兵听到乡音，都思念起故乡来，斗志一下子涣散了。结果项羽一败涂地，在乌江边上自杀了，这就是成语“四面楚歌”的故事。

第二章　从皮球开始的球缘

“妈妈买个皮球，上面画个小猴，我来拍拍皮球，小猴翻翻跟头……”这样的儿歌不知道大家还熟悉吗？是不是看到这几句歌词的同时，就想起了小时候玩的皮球呢？

皮球是大家从小就喜欢，而且很长时间都爱不释手的一个玩具。玩皮球不仅锻炼了四肢，而且锻炼了手、眼以及身体的协调能力，增强了运动的敏捷性。不要小看当年的玩皮球啊，正是当年的玩皮球才让你对篮球、足球、排球、网球等球类运动热爱有加，才让你在将来有可能成为绿茵场上万人瞩目的健儿。哪怕你不能成为运动健儿，球类运动也会成为你一生很重要的锻炼方式，让你的身体一直都充满阳刚气息。而且通过球类运动你还可以结识很多好朋友，这些人因球而与你结缘一生，这就叫作球缘。

作为男生，每个人都希望自己青春帅气，阳光自信，偶尔还可以向伙伴们炫一炫自己的肱二头肌，秀一秀自己的腹肌，如果还能配上小麦色肌肤，那就再合适不过了。做到这些并不难，只要你能喜欢至少一种球类运动并坚持练习，就一定可以达成上面的这些目标。

篮 球

据文字记载，篮球运动是1891年（另一种说法是1892年）由美国的詹姆斯·奈史密斯发明的。奈史密斯当时在美国马萨诸塞州斯普林菲尔德市基督教青年会国际训练学校任教。他发现，当地儿童喜欢在室外往桃子筐里投球（当地盛产桃子，家家户户都有桃子筐），于是得到启发，创编了篮球游戏。当时人们称这种游戏为“奈史密斯球”或“筐球”。詹姆斯·奈史密斯也由此被誉为“现代篮球之父”。

篮球运动于1936年首次进入奥运会（第11届奥运会），并被列为正式比赛项目。自1992年巴塞罗那奥运会开始，职业篮球选手可以参加奥运会。

中华人民共和国成立前，男篮曾参加了第11届和第14届奥运会的比赛，均在小组赛即遭淘汰。中华人民共和国成立后，中国篮球运动有了很大普及和发展，努力追赶着世界的步伐。中国男篮奥运会上历史最好成绩为第8名，女篮则在第25届巴塞罗那奥运会上取得过银牌。

基本规则

（一）比赛方法

每队5人，其中一人为队长，替补球员最

多7人。比赛分4节，每节10分钟（NBA为12分钟），每节之间休息5分钟（NBA为130秒），中场休息10分钟（NBA为15分钟）。另外，在NBA中，第4节和任何加时赛之间休息100秒。比赛结束两队比分相同时，则进行5分钟加时赛，若5分钟后比分仍相同，则再次进行5分钟加时赛，直至分出胜负为止。

（二）得分种类

球投进篮筐经裁判认可后，便算得分。3分线内投入得2分；3分线外投入得3分，罚球投入得1分。

（三）进行方式

比赛开始由两队各选派一名跳球员在中央跳球区跳球开赛。

（四）选手替换

每次替换选手要在20秒内完成，替换次数不限定。替换选手应在犯规、争球、叫暂停时进行。裁判可暂时中止球赛的计时。

（五）罚球

每名球员各有5次犯规的机会，犯规次数满则退场，且不能在同一场比赛中再度上场。罚球是在没有防守的情况下进行投篮，作为对犯规队伍的处罚。罚球要站在罚球线后，从裁判手中接过球后5秒内投篮。投篮后，球触到篮筐前球员不能踩越罚球线。

（六）违例

在篮球比赛规则中，违例是既不属于侵人犯规，也不属于技术犯规的违反规则的行为。在篮球运动中，主要的违例行为有带球走步、二次运球、翻腕、篮下3秒违例、24秒违例、罚球违例等。

（七）犯规

篮球比赛中有30多种犯规，常见的是防守犯规和进攻犯规。防守队员已经站在合理冲撞区之外，两只脚没有移动，进攻队员将其撞倒后就是进攻犯规，与其对应，如果防守队员的脚步移动的话，就是防守犯规。还有打手犯规、推人犯规、移动挡拆犯规、无球权犯规，甚至是技术犯规、恶意犯规等。

培养品质

篮球比赛既简单又综合多变，既有对抗性又有游戏成分。在充满激情和变幻的球场上，双方运动员以健美的体态、娴熟的技术、巧妙的配合和丰富的想象力，斗智斗勇，展现出球员个人及其球队的技术素养、战术风格、团队精神以及风度气质等。

篮球既可以给予个人发挥的空间，锻炼和培养发现问题、分析问题和解决问题的能力，又强调集体协同配合，培养团队协作精神，树立团队间的平等、和平竞争意识以及团队内的沟通、协商意识，培养服从团队的精神品质等。此外，还可以培养随机应变，及时、果断、快速地做出应答行为的能力。

注意事项

篮球比赛前要做好热身运动。充分的热身训练活动可以使身体迅速进入比赛状态，激活全身肌肉，刺激神经系统，增大关节活动范围；还可以很大程度地减少比赛中所出现的肌肉拉伤与扭伤情况，提高运动能力，减轻运动后的疲劳感。

热身运动可以是绕着球场跑几圈，也可以变换着花样交叉步跑，还可以急速S弯变向跑。跑完了就开始活动手腕、脚腕、膝关节和髋关节。当然你还可以压压腿，做几个跳跃动作。总之这些准备活动多做几遍绝对有益无害。

篮球比赛运动强度大，流汗多，要及时补充水分以维持体力。补水要把握两个原则，一是喝水要少量多次，每次喝一小口，大量猛灌会加大排汗量，导致体液中的离子大量流失，体力迅速下降；二是尽量不喝功能性饮料，淡盐水是较好的选择，矿泉水也可以。

比赛过程中，磕磕碰碰是难免的，所以一定要做好安全措施，保护好自己，以免受伤，一旦受伤要及时进行处理。

名人故事

姚明的篮球生涯

出生在篮球世家的姚明自小并不喜爱篮球，父母没有强行灌输“继承衣钵”的理念，而是循循善诱，深切关怀。渐渐地，身高猛长的姚明还是走上了篮球生涯。他9岁开始正式训练，除了身高优势外，姚明的成功离不开年少时长达8年的勤学苦练。17岁开始踏上职业篮球赛场，他稚嫩瘦弱，一次次被撞倒，又一次次咬牙爬起来。5年CBA之旅，姚明一直在进步，期间获得了亚青赛冠军，参加了悉尼奥运会、世锦赛、耐克和乔丹训练营，一颗篮球新星在东方冉冉升起。然而，姚明通往篮球殿堂NBA之路却一波三折，1999年、2001年选秀计划两度“流产”，2002年姚明加冕CBA王冠，同年以状元身份如愿加入NBA的休斯敦火箭队。2003年至2008年连续6个赛季入选NBA西部全明星阵容。2009年，姚明收购上海男篮，成为上海大鲨鱼篮球俱乐部老板。2011年7月20日，姚明正式宣布退役。2013年，姚明当选为第十二届全国政协委员。2017年2月，在中国篮协第九届全国代表大会上，姚明当选主席。

姚明，不仅仅是一位篮球明星，他已经成为中国篮球史上影响力最大、最耀眼的人物。他的意义还不止于此，他将中国体育带入了一个新的高度。即使取得如此傲人的成绩，他还是那么和蔼可亲，平易近人。他的心中最记挂的还是祖国和同胞。

2008年，为了帮助四川汶川地震灾区重建校园，姚明发起并成立了姚明基金会（简称“姚基金”）。姚基金是由中国篮球运动员姚明发起，在中国青少年发展基金会架构下设立的专项慈善公益基金。姚基金致力于助学兴教，促进青少年健康等各种社会公益慈善活动。姚明在美国也设立了姚基金，主要是在美国筹款，为中国的贫困孩子服务。

为了进一步推动中国篮球事业的发展，姚明又和美国NBA合作，于2013年8月，由NBA中国和姚明共同投资打造了课后篮球培训项目——NBA姚明篮球学校。这所学校已经于2013年12月1日接受学生报名，开始正式招生。姚明表示：“篮球是我成长中重要的一部分，也是我未来事业的核心所在。这是一项很好的运动，也是一个很好的游戏，我相信NBA姚明篮球学校会让更多的孩子通过篮球，学习如何社交、如何进行团队协作、如何去竞争、如何享受体育的快乐，这是我们的夙愿所在。”

足 球

足球是全世界最具影响力的体育运动，有“世界第一运动”的美誉。传统认为，足球运动最早起源于中国，当时名字叫蹴鞠（cù jū），“蹴”有用脚蹴、蹋、踢的含义，“鞠”最早是一种外面包有皮革、里面装有米糠的球。据史料记载，早在战国时期民间就流行娱乐性的蹴鞠游戏。而从汉代开始蹴鞠又成为兵家练兵之法，宋代又出现了蹴鞠组织与蹴鞠艺人，清代则又流行冰上蹴鞠。起源于中国的古代足球，11 世纪经欧亚大陆传播到了英国，催化了现代足球的出现。

我们现在所说的足球运动基本上指的是现代足球。现代足球起源于英国。1863年10月26日，伦敦的足球会议制定了第一个足球规则，宣告了现代足球运动的诞生。

足球界的最高赛事被称为“世界杯”，其全称是“FIFA世界杯”（FIFA，国际足球联合会），即由国际足球联合会统一领导和组织的世界性的足球比赛。

基本规则

（一）比赛方式

标准的足球比赛由两队各派10名球员与1名守门员，共11人，在长方形的草地球场上进攻、对抗。比赛目的是尽量将足球射入对方的球门内，每射入一球就可以得到一分，当比赛结束后，得分多的一队胜出。如果在比赛规定时间内得分相同，则须看比赛章则而定，可以通过加时赛或互射点球等方式来分出高下。

足球比赛中，除了守门员可以在己方禁区内利用手部接触足球外，球场上每名球员只可以利用手以外的身体其他部位控制足球（开界外球例外）。

（二）队员人数

一场比赛应由两队参加，每队上场队员不得多于11名，不得少于7人。如果比赛前任何一队队员少于7人，或在比赛中队员被罚出场使场内队员少于7人时，该场比赛队员少的队被视为弃权，对方3：0胜（如对方进球数超过此比分，则按实际进球数计）。此外，足球替换队员一般为7人，但只有3人可以上场。

（三）比赛场地

足球场的长度一般在90米到120米之间，宽度在45米到90米之间（国际正规比赛的足球场长在100米到110米之间，宽在64米到75米之间）。在任何情况下，长度必须超过宽度。球门设在每条球门线的中央，长7.32米，高2.44米，角球区半径为1米。罚球弧是以罚球点为中心，半径为9.15米的半圆，罚球点距离球门线11米。

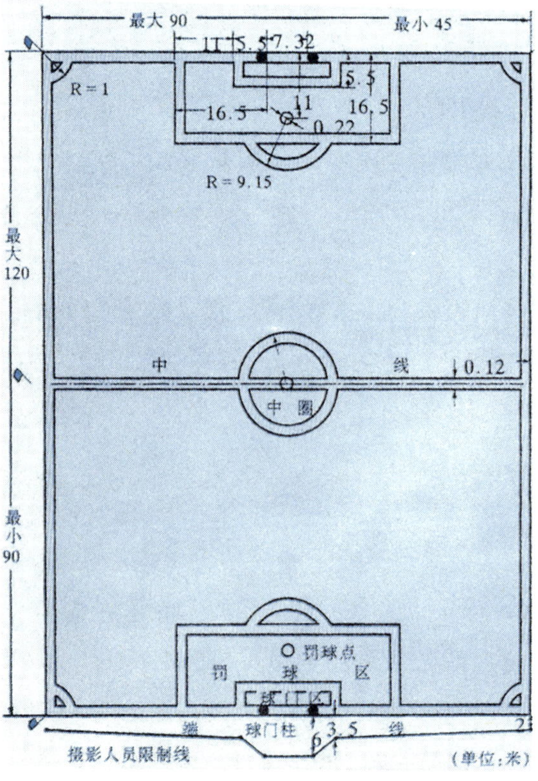

足球场示意图

（四）比赛时间

比赛分为两个半场，每个半场45分钟。特殊情况经裁判员和双方同意另定除外。任何改变比赛时间的协议必须在比赛开始之前制定，并要符合竞赛规程。上下半场之间的休息时间不得超过15分钟。竞赛规程必须阐明中场休息的时间，只有经裁判员同意方可改变中场休息时间。每半场比赛因各种原因损失的所有时间应被扣除。在每半场比赛结束时，如因执行罚点球，应允许时间延长至罚点球结束。

（五）计胜方法

凡符合每场比赛竞赛规程，将球的整体进入对方横梁下两门柱之间的球门线内，即为进球得分。两队比赛，谁进球多谁为胜队，如果双方均不进球即为平局。

培养品质

足球比赛运动量大，有时候运动员在体力不支的情况下，依然要不断奔跑，有时候甚至要忍着伤痛进行比赛。可以说，足球比赛比的不仅仅是技术、团队合作，更主要的是队员的毅力和品质。作为一项团队运动，既要求队员各负其责，还要与队友之间形成良好的配合，再优秀的运动员也不可能以一人之力击败对方。因此，足球运动培养的是团队协作能力、强烈的集体荣誉感、个人的奉献精神、高度的责任心和严肃的纪律性。

此外，足球比赛还能锻炼人强大的心理调控能力。比赛中经常出现比分胶着的情况，球员还要经常受到观众各种哄场的影响，有时候还要面对观众的嘘声和辱骂，还有众目睽睽下的罚点球……这些都能锻炼人强大的心理调控能力。

注意事项

1. 比赛前可以先慢跑一段，活动脚腕、膝关节，让身体微微出汗，把关节、韧带都拉开。踝、膝、腕、髋这些所有运动中会用到的关节都要活动开。准备工作做到位既有助于肌肉活动效率的提高和关节的润滑，又可以防止运动损伤。

2. 尽量不要在场地设施不符合要求的地方进行锻炼。不平整、碎石杂物多的场地容易造成踝关节扭伤、骨膜损伤、跟腱拉伤等。

3. 比赛中要及时补充水分。最好把水放在场边，感到口渴的时候就喝一点，多喝几次也没关系，不要等到累得不行的时候才大口大口地一次性喝很多，也不要喝已经冰镇了很长时间、带有冰碴儿的饮料。切忌饮用生水、冷水，微凉的矿泉水是最好的选择。运动后可以喝少量的运动饮料或淡盐水。

4. 尽量避免在恶劣的天气下锻炼。高温湿热时要注意防止中暑、抽筋或虚脱。低温潮湿时要注意保暖以防止冻伤。黄昏、黎明（尤其是雾天）因光线不足，能见度低，神经反应迟钝，兴奋性降低，极易发生损伤。雨天地滑也是引起运动损伤的重要原因。

5. 运动后坚决不能立即洗冷水澡，否则容易生病。正确的方法是运动后休息一会儿再洗（以脉搏恢复到接近正常为准）。洗澡最好用温水。

名人故事

传奇球王——贝利

从1958年到1970年，巴西著名足球运动员贝利先后参加了4届世界杯，拿到了3次冠军，历史上三次捧起世界杯冠军奖杯的球员仅贝利一人。2004年，贝利被FIFA评为百年最伟大的两名球员之一（另一人是“足球皇帝”贝肯鲍尔），被人称为世界杯之王！

但你一定不知道，贝利小的时候，某天和别人一起抽烟聊足球，被他父亲发现了。他本以为父亲会揍他，然而并没有，反而伸出一只手搂住他的肩膀把他拉了过去，和他聊天说：“你踢球有几分天分，以后也许会成为一个高手。要是你抽烟喝酒，到时候就没有足够的体力在90分钟之内一直踢出理想的水平。这事你自己决定吧。”然后父亲伸手从口袋中取出了钱夹子。这夹子又旧，又薄得可怜。父亲打开夹子，贝利看到里面有几张皱皱巴巴的票子。他父亲接着说：“但是，如果你还想抽烟，最好还是抽你自己的烟。老是讨人家的烟很丢人。你自己买烟需要多少钱？”

贝利简直羞得无地自容。贝利抽的烟不是自己买来的，这还无关紧要，主要是他联想起许多事情——贝利似乎见到父亲每星期一拐一拐地走上足球场，膝盖肿得像西瓜那么大；贝利似乎看见父亲为了养活一家人，毫无怨言地清理便盆、打扫地板。贝利两眼盯着地板，真希望地上开个洞把自己吞下去，埋葬他的羞惭。父亲一声不响地看了贝利很久。

“好吧，没事了。为了家庭的名誉，你自己的名誉，以后别再讨烟抽了。要买，向我拿钱，我会给你的。”贝利知道，如果贝利真的向他父亲要，他父亲是会给的。

后来，贝利有好几次想起这次谈话。父亲了解贝利的个性，如果当时他狠狠地骂贝利一顿，反而很可能会激起贝利的反抗，那么今天贝利就有可能成为一个烟鬼。万事皆有可能，但是有一件事是可以肯定的：从那一天开始，贝利再没有碰过香烟，也再不想去碰它。

除了篮球、足球外，在球类运动中还有很多很好普及也很广泛的运动。比如排球、网球……不管是哪种球类运动，只要你喜欢，你愿意，就可以参与进去，你会发现有一个快乐而充实的世界等着你。爱上球类运动，你一定会成为一个坚强的男子汉！

第三章 旱冰鞋滑出的少年轨迹

旱冰鞋，专业叫法叫轮滑鞋。1760年，伦敦的一个化装舞会上，来自比利时的乐师默林穿着自制的带轮子的鞋溜进舞厅，成了有史料记载的第一次出现的旱冰运动。但遗憾的是，因为这双旱冰鞋拐不了弯，默林被重重摔在地上，惹得人们哈哈大笑。这之后，一直过了63年，到1823年伦敦才有了第一家公共旱冰场。从此，旱冰运动正式开始进入人们的生活。40年后，美国人詹姆士·普利普顿发明的四轮旱冰鞋由于更方便、更迅捷，迅速在全球掀起了滑旱冰的热潮。

现在流行的旱冰鞋主要分为两类：双排轮旱冰鞋和单排轮旱冰鞋。

双排轮旱冰鞋的四个轮子分前后两组，两个轴分别穿起两个轮子，起稳定作用。旱冰鞋的前端有一块橡胶，可以用作减速、急停。国际花样比赛上，双排轮旱冰鞋是指定用鞋。在一些大的商场或餐厅中我们也经常可以见到一些服务生穿着这种旱冰鞋来回穿梭。

单排轮旱冰鞋的四个轮子竖着排成一排。这样的旱冰鞋不受场地限制，除了在专门的旱冰场玩以外，还可以在人行道、非机动车道、公园或空旷平坦的地方玩。由于穿这种旱冰鞋运动不受活动场地的限制，因而备受旱冰爱好者的欢迎，已成为当前旱冰运动的主流。

动作要领

（一）站立

先穿戴好旱冰鞋和护具，慢慢站立起来，两只胳膊或弯曲或平举到和肩膀一般高的程度。站立的时候将两只脚站成“T”字形，或者将两脚脚跟并在一起成“V”字形。

（二）踏步

主要分为原地踏步、侧踏步、踏步前行几个动作。

原地踏步主要练习平衡能力，运动者要将双脚由“T”字形或“V”字形变成外八字，重心从两条腿上转移到左腿上，右腿稍微抬起，然后放下；再把重心转移到右腿上，左腿稍微抬起，然后再放下。如此反复进行练习并逐渐加快速度。

侧踏步则是运动的开始。在原地踏步的基础上，右腿稍微抬起向右移动，然后放下，再把左腿抬起向右移动，接着放下。练习一段距离后，把重心转移到右腿上，左腿稍微抬起向左移动，然后放下，再把右腿抬起向左移动。如此反复进行练习并逐渐加快速度。

踏步前行主要是为开始滑行做准备。在原地踏步的基础上，右腿稍微抬起向前移动，然后放下，再把左腿抬起向前移动，接着放下。重复相同的动作，并逐渐加快速度。

（三）起步滑行

在准备起步滑行的时候，运动者要注意保持膝盖弯曲，大腿稍微并拢，左脚保持前进姿势，右脚向侧后方推动，就会产生向前的动力并开始滑行，然后右脚抬起与左脚并排或者放在前方，膝盖弯曲准备落地。接着将重心放到右脚，左脚向侧后方推动，如此重复刚才的动作，左右不断互换，就可以滑行了。在滑行的过程中，要注意哪只脚落地，就将重心放到哪只脚上，让另一只脚向侧后方用力。

转弯的时候，运动者要注意把身子弯下，让重心降低，并落在要滑行的那只脚上。转弯滑行练习好了，运动者还可以进一步练习弯腰拾取地上物品，以增加运动的趣味性。

（四）停止

想要停下来的时候，运动者要改变原来滑行时候的外八字脚形，变成双脚平行姿势，然后把有刹车皮的那一只脚向前推出，脚尖或者脚跟微微向上（要看刹车片在后方还是前方），让刹车片磨到地面，然后慢慢增加力量，就可以停下来。

此外还可以两只脚的脚尖并凑，使两只脚成“A”字形，或者两只脚一前一后成“T”字形，使滑行动力相互抵消，从而使滑行停下来。但不管采取哪种停止方式，都必须要保持身体弯曲，重心放低并且在两脚中间，不可把身体重心放置太前或太后，否则就会向前或向后跌倒。

上面几种停止方式练习到位后，还可以采用转弯急停的方式，使滑行的动力不断减小而停止。但这种停止方式需要运动者有较好的轮滑平衡能力，一开始练习的时候不建议采取这种方式。

（五）安全跌倒

滑行过程中，难免会跌倒，这时，安全跌倒就特别重要了。安全跌倒是通过护具及全身来分散跌倒时的冲击力，避免向后跌坐或让身体某一部分完全承受撞击，以减少尾骨或其他部位的损伤。

练习安全跌倒时，运动者注意保持身体前倾姿势，然后膝盖向下跪，身体向前倾斜，用护掌接触地面并向前滑出，同时让身体伸展开，然后完全倒地。经过这样一连串的动作练习，尽可能减少跌倒带来的伤害。

培养品质

滑旱冰是一项轻松、有趣，可以长时间进行的活动，它和游泳一样都属于低冲击、全身性的有氧运动，非常有利于身体健康。而且男孩子在练习和运动过程中，可以很好地提升身体协调能力，增强身体的平衡感。更主要的是滑旱冰还可以锻炼男孩子的勇气、胆量和信心，培养他们观察学习的习惯，提升专注力和交流沟通能力。而练习过程中跌倒，爬起来，再跌倒，再爬起来，无形之中让孩子学会面对失败和挫折，从而收获成功。

注意事项

1. 刚开始滑旱冰时，一定要戴好头盔及手部、膝盖的护具。
2. 要在平坦的场地上练习新技巧，不要在斜坡上进行。

3. 滑行时一定要远离有沙子、树枝、叶子、碎石、油渍、水滩等危险区域。

4. 滑行过程中一定要认真关注运动场地中的其他人，尽量避免碰撞，因为在快速滑动时发生碰撞，会导致严重摔伤甚至会出现骨折等情况。

名人故事

15岁的世界轮滑王

你能想象2013年，一个15岁的中国孩子被媒体称为“妖刀”“叶神”“逆天之王”“Battle之王”等等这些夸张至极的称号吗？没有错，这些称呼基本都是近年来各大媒体授予他的头衔。一个年仅15岁的中国浙江丽水少年，近几年先后多次在全国乃至世界自由式轮滑比赛中取得优异的成绩。特别是2013年世界自由式轮滑锦标赛结束后，他的综合排名跃居世界第二。同时，他还是“向后单轮茶壶”和“单轮天国向后”两个项目的首创者。媒体介绍他说，“背后有第三只眼。”这就是中国少年旱冰运动的一位佼佼者——叶浩钦。

在普通人看来，这位当时只有15岁的少年和一般的同龄孩子没什么差别：模样乖巧，眼神稚嫩，架着黑框眼镜的脸上充满书卷味，一看就是老师、家长眼中的“乖乖仔”，但是如果你看到他家满屋满桌大大小小的奖牌、奖杯和荣誉证书，你就知道，这才是“大牌范儿”的世界冠军。

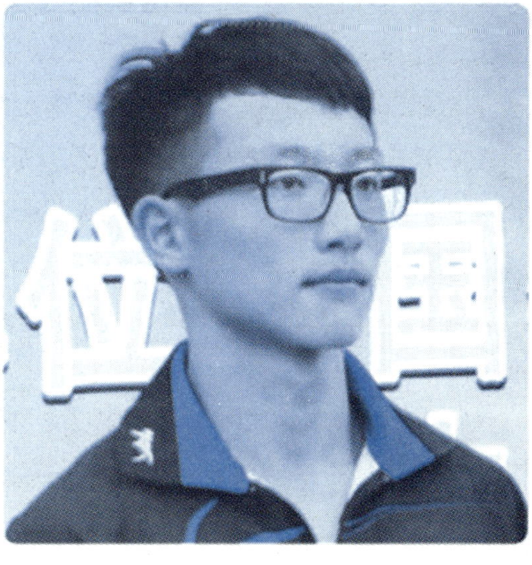

一百元的起步标准

2004年，6岁的叶浩钦在丽水的纳爱斯广场，看着不少小朋友在广场上滑旱冰，特别羡慕，便缠着妈妈给自己买一双“带轮子的鞋子”。于是叶妈妈就按照当时的一般水平，给儿子买了一双一百元左右的双排旱冰鞋。很多孩子刚刚穿上旱冰鞋总会害怕，有的连路都不敢走，但没有想到叶浩钦穿上双排四轮的旱冰鞋直接就滑了出去，既没有妈妈的搀扶，也没有摔倒，顺利地开始了他的“人生第一滑”。

这之后，叶浩钦开始了自己的旱冰运动。每天放学做完作业他就出去练习。为了让儿子有更大的进步，叶妈妈给他报了一个旱冰培训班。叶浩钦在训练时特别认真，每周练习三次，每次练习两小时，基本不缺席，也从来没有喊过苦，喊过累。

和所有的培训班一样，随着年龄的增长和学习压力的增大，很多当初和他一起参加旱冰培训班的同学们，都因为各种原因，先后放弃了训练，只有他没有受其他人的影响，继续坚持，直到最后。两年时间，叶浩钦掌握了自由式轮滑全部的66个基本动作。

因为出色的轮滑技巧，从小学三年级开始，他拜入丽水轮滑队教练谢纯勇的门下。在谢教练眼里，“叶浩钦不仅勤奋有毅力，对轮滑甚至有一种天赋式的敏感。”一些高难度的动作，在教练示范后，他经过短暂的练习很快就能达到要求。

在叶浩钦的记忆中，三年级那个暑假的训练最为辛苦，因为他要参加8月份的轮滑比赛——他人生中的第一次轮滑大赛。为了练习速度过桩，他每天早上4点半就要起床，空腹到达晨练场地大水门，5点准时开练，9点结束。“到现在，路面上还留有清晰可见的白点，那就是我们当时训练留下的痕迹。”他的回忆里流露出一种亮闪闪的光芒。

比赛场上崭露头角

为了迎接比赛，在赛前两周，妈妈给他买了一双1880元的轮滑鞋，穿上这双贵得连自己都心疼的鞋子，他瞬间觉得充满信心和力量。

两个月后，教练带着他和另外3名队员踏上了比赛的征途。“那时我入队才两个月，不是重点队员，所以教练对我并没有成绩要求，赛前跟我说得最多的就是比赛规则。”那一次，叶浩钦意外获得速度过桩的第七名，那一年，他9岁。

2008年5月，在第二届全国自由式轮滑大赛上，叶浩钦获得了第三名，这一年他10岁。

真正标志着他开始在世界级赛场上崭露头角的是2011年第一届国际自由式轮滑大师赛。这是一场仅设立Battle（花式绕桩对抗赛）一个比赛项目的赛事。虽然只有一个项目，但对参赛队员的资格要求却格外苛刻：排名必须位于当时世界前四十位，叶浩钦显然不是。然而，他却完成了四十名选手都不会的动作“向前单轮茶壶”，并历史性地创造了“向后单轮茶壶”，冲破了关卡。作为外卡（外卡是向那些本来没有资格参加比赛的优秀选手发出的，持有外卡就可以参加比赛）他意外地进入资格赛，滑入半决赛并成为小组中第一个进入决赛的队员。最终，他凭借超强的实力获得季军。

这一次，虽未摘夺桂冠，但凭借这创造性的一举，他在轮滑界声名鹊起，一个“妖刀”（意为动作杀伤力大，难度大）的称号出现在各大媒体的报道中。

“非常满足，非常开心。”回忆起那次比赛，他脸上的笑容真实、灿烂，“作为一个外卡，能参加这样的大赛，何其幸运。”

在随后举行的2011年德国世界自由式轮滑锦标赛中，他获得亚军。

成功，一步步在向这个孩子靠近……

越来越多的人相信，冠军梦，指日可待。

他演绎的自由式轮滑是一场具有艺术欣赏性的视觉盛宴——显然，这是他的生活，更是他的人生。

这些年来，他获得诸多荣誉，也让一家人都忙得不亦乐乎。除了轮滑和他形影不离外，每一次训练都有妈妈陪伴，在一旁看着，为他递水、擦汗。爸爸则在花桩编排上给予他一些意见和建议，关于服装，关于音乐。奶奶总会为他准备一大桌的美食，加油鼓励或是犒劳奖赏。爷爷则负责将他每一次比赛得来的奖杯、奖牌摆好，将他的一张张纸质证书拿到照相馆塑封。

这一家人都因轮滑，乐不可言。

“向后单轮茶壶”和“单轮天国向后”的首创者均是叶浩钦，因此，他被媒体称为“背后有第三只眼”。

2012年，在中国轮滑运动开展30

周年之际，他获得了“最佳运动员”称号。此外，他还收获了那一连串在他看来特别夸张的头衔，“妖刀”“逆天之王”“叶神”“Battle之王”等等。

谈及自己与轮滑的关系，叶浩钦毫不犹豫地回答：“轮滑是我的生活，希望以后从事与轮滑有关的工作。”眼前这个还只是初中生的少年，已然将轮滑列入他未来的职业生涯中。

当别人还在练习自由式轮滑的技术时，叶浩钦已经开始研究自由式轮滑的艺术欣赏性。“在收获了Battle的大满贯后，我的下一个目标就是收获花桩的大满贯。”他直言不讳地说。

在他看来，轮滑不仅是运动，更是艺术——音乐的旋律，街舞的动作，甚至芭蕾，都可以融入到花桩中。“花桩更考验队员的演绎水准。演绎一个故事，看谁的故事更打动人。”显然，他已经能准确地抓住花桩发展的脉搏。

他说，花桩最难的并不是音乐，而是动作的编排。技术训练有教练指导，桩外动作可以请教街舞老师，而真正能冲击视觉和撼动人心的，还是桩上动作的组合和编排。

但这些，并没有难倒他。

“在不久的将来，等我的好消息吧。”他胸有成竹地说。

这些年来，他在韩国首尔的奥林匹克公园比赛过，在台湾小巨蛋边上比赛过，在法国埃菲尔铁塔下比赛过，更多的比赛，让他更清楚地认识自己。闲时，他会逐一看看自己的金牌、奖杯，“这样就能知道自己拿过什么，还需要再拿什么。”他说。

未来，属于有梦想的人，注定会在这个斗志昂扬的少年身上绽放。

世界赛事也要闪耀他的光芒

2012年5月19日，第二届国际自由式轮滑大师赛在北京举行。这届大师赛延续了第一届比赛的传统，仅设立Battle一个比赛项目。在男子组四分之一决赛中，叶浩钦和来自四川的张颢、来自韩国的KimSungJin以及来自法国的罗曼分别进入到最后的比拼。最后，他以几乎逆天的“单轮天国向后”10个桩的动作漂亮地实现了自己Battle世界第一的愿望。

从这一次开始，他想要并相信自己能争夺更多的第一。

2012年8月初，第二届全国自由式轮滑锦标赛，他获得男子“Battle花式绕桩”冠军。

2012年8月底，世界自由式轮滑锦标赛，他又一次获得男子“Battle花式绕桩”冠军。

2012年10月底，第十五届亚洲自由式轮滑锦标赛，他再一次获得男子“Battle花式绕桩”冠军。

……

所有这些荣誉连在一起，有一个撼动人心的名称“大满贯”。这三场比赛的夺冠，让他成为中国第一位在Battle项目上获得大满贯的选手，更重要的是，这一切，他只用了3个月的时间。

不得不说，2012年是这个14岁少年的辉煌之年。

从2013年开始，叶浩钦以卫冕者的身份参加各大赛事。

2013年11月初，在丽水国际轮滑公开赛上，他拿下了花式对抗的冠军和花式绕桩的亚军。之后，他愈战愈勇，在台北举行的2013年世界自由式轮滑锦标赛的男子Battle花式对抗的大绝招环节中，被冠以“中国第一难度”的他以40个单轮跳，外加10个单轮转的超高难度征服对手，成功卫冕。此外，他还获得花式绕桩的冠军和速度过桩的季军。

这一次，Battle之王，实至名归。

在人们的印象中，这个孩子几乎每一次都用神一般的动作去创造逆天式的精彩，而很少有人知道，泪水和愤怒，也是这个“90后”的孩子必须面对和独立承担的。在2011年的全国比赛上，本以为能进前三的他，却因在出桩时摔倒，最终只获得了第五名，那一次他哭了。他说，技术可以练习，实力可以追赶，但失误，他不能容忍。一直以来，能让内敛的叶浩钦发火，只有一种情况：训练效果没有达到自己的预期目标。每当这时，他会愤怒地踢掉所有的桩，踢到自己的视线之外，然后头也不回地换另外一组桩，继续练，练到满意才罢休。

这个年纪里的愤怒，有冲动，也有不甘，但他总能把每一次的愤怒化作“初生牛犊不怕虎”的勇气，在轮滑的道路上，一路高歌，彰显王者风范！

（本文改编自《丽水日报》记者陈炜芬《“Battle之王”叶浩钦成长记》的报道，特此致谢）

第四章　滑板也疯狂

在电视中，如果要表现一个城市有活力，基本上都会出现年轻人脚踩滑板在“U”形池中做极限运动的镜头。不错，滑板可不仅仅只是一个简单的代步工具，更是许多现代极限运动的鼻祖。可以说，现在的很多极限运动都是从滑板项目变化发展而来的。

那么滑板又是从哪里发展而来的呢？其实是从冲浪运动。你仔细看看就会发现，滑板跟冲浪板很像，没错，就是这样的。滑板运动是20世纪50年代末60年代初从冲浪运动中演变而来的，其中滑板本身就是原来的冲浪板。因为冲浪运动完全受地理条件和气候条件的影响，为了更好地体会这种极限运动，阳光明媚的美国南加州，居民们用木板和铁轮子做出了世界上第一块滑板。但由于这种滑板太笨重，没有弹性，也不具有转向装置，轮子太滑等缺陷，这一运动并没有火起来。第二代滑板增加了转向装置，轮子也由铁轮换成了塑料轮，变得较为耐磨。1973年，第三代滑板把塑料轮子换成聚氨酯轮子。这种轮子不仅更耐磨，而且能使滑板在急转弯时更加安全稳当，还可以轻而易举地碾过或绕过地上的小障碍物。至此，滑板开始风靡全球。

活动方法

当拥有了一块滑板后，你一定会首先观察别人怎么滑。这时你会发现，有的人是左脚在板上，右脚在地上蹬，而有的人却又恰好相反。那究竟该用哪一种方式呢？其实哪一种都一样。你觉得哪一只脚站在滑板上舒服就用哪一只脚，你觉得哪一只脚在地上蹬比较自然就用哪一只好了。好，你现在就知道了，滑板运动的第一步就是练习上板。

但是我首先要教你的还不是上板，而是摔跤。不论多么厉害的“板手”，都可能会摔倒。怎么将摔跤后可能受到的伤害减少到最小，一定是你学习滑板前的第一要义。首先，带好全部的护具，尤其是头盔，坚决不能少。其他的护膝、护腕、护肘也是必不可少的。其次，就是摔跤时，不要用单手或者身体的某一个部分支撑自身的整个重量，否则所受的冲击力会让你的手或者某个部位受伤甚至发生骨折！最简单的方式是屁股着地或者全身翻滚以分散受到的冲击力。

好了，下面可以开始教你滑滑板的具体方法了。

（一）上板

后脚先踏上滑板后方靠底边的位置（滑板后轮处或者稍后的位置），前脚练习踏上滑板的中间靠前一点的位置（滑板前轮稍后的位置），同时保持后脚和滑板垂直，两臂自然下垂，脸自然朝向前面。这个过程要反复练习，直到可以很轻松地上板为止。

上板后练习的第二个动作是下蹲站起的动作，其中的下蹲姿势先以安全为主，慢慢到深度下蹲（在以后的高阶练习时会用到）。这个动作也要练习到完全熟练为止。

（二）启动

顺利上板并站立自然后，身体重心移到前脚，并自然微微下蹲，然后后脚离板，在地上向后蹬地（刚开始练习为了控制速度，蹬地时用力要轻，熟练后就可

以自由发力了），接着后脚离地，自然收到滑板上，等速度慢下来再重复刚才的动作就OK了。

（三）转弯

最常见的方式是摆动身体，利用身体的重心调整转弯的方向和弧度。另一种是压板尾让板头抬起来，然后左右转动肩膀或者身体，利用上身的力量来转动滑板以实现转弯。

（四）停止

最简单、最笨的方法就是把后脚放到地上不离开，用鞋底和地面的摩擦力慢慢把滑板拖住。（这种方法别人一看，就知道你是菜鸟）

还有一种稍微好一点的方法，就是前脚离板，后脚稍微用力，用后板部分摩擦地面。这样也可以将滑板停下来，但是除非你很有钱，否则还是不要用这种方式停止，因为这不仅仅也是菜鸟方式，更关键是对滑板有磨损，几次下来滑板就会坏掉。

最好的方法，也是最难的方法是用你不动的那只脚踏板子前面的翘起处，另一只脚抬起一点点，并用转弯的方法使板子很快地横向往前滑行（身体要向后仰），一下就停了！但是新手要做到这个动作还是不容易的，需要反复练习，实在不行就先用第一或第二种方法喽！

（五）双脚带板跳

这个动作是最被人羡慕和欣赏的，外行人看起来特别的高大上。

还记得刚才教你的在板上反复练习的下蹲站起动作吧，这里就要用到这个动作了。首先要把身体稍微下蹲，同时后脚用力向下踩压板尾，此时板前方会翘起，你的前脚需要跟着向前翘起的板顺势略翻脚背向斜上方带板，紧接着后脚上收，只要双脚及重心协调得好，滑板就会被你带着跳起来。这个动作说起来是分步骤的，但实际练习过程中你会发现基本上是一气呵成的，所以需要你反复练习，才可以练成的哦。

其他还有倒板、踢翻、跟翻、跨越障碍、带板站立障碍物、滑杠、人板分离等高阶动作，等你把基础动作练熟了，自然就有机会练习高难度动作了。

此外，小点的孩子，也可以先从滑板车玩起。

滑板车和普通滑板相比，前面有一个抓杆，这个抓杆既增加了滑板的安全性，也方便控制滑板方向，对儿童来说比较合适。

培养品质

滑板运动能锻炼孩子身体的协调性和平衡能力，促进大脑前庭发育。还可以增强下肢力量，有效拉伸腿部韧带，促进骨骼发育，而且大量的跳跃和滑动还能提高心肺功能。此外，滑板运动还能培养孩子敢于面对困难，勇于探索和挑战困难的精神，培养孩子的耐性和韧性及不轻言放弃的信念。同时与小伙伴一起游戏，还能提高孩子的适应能力和表达交流能力。

注意事项

相对其他运动而言，滑板毕竟是一种极限运动，所以在练习滑板的过程中，还是存在不少危险，以下一些事情是一定要注意的：

1. 开始学习和练习前，一定要带好各种护具，以尽可能地减少摔倒带来的身体上的伤害。

2. 使用前一定要将滑板的轮子调整好，使其运转自如，以免中途轮子停转而把人甩出去。

3. 要经常检查滑轮和轴承，定期给轴承注油，增加轴承的润滑度，减少滑行阻力。

4. 不要在潮湿或粗糙的路面上滑行，当要跳下滑板时，应观察是否会撞着周围的人或其他物品。

5. 练习场地尽可能选人少的地方，尤其不要有老人和小孩等行动不方便的人，以免撞伤别人。

6. 年龄在8周岁以下的孩子，最好不要玩滑板，因为反复上上下下以及各种跳跃动作，对孩子迅速成长的身体会有一点点伤害，可以让8周岁以下的孩子玩滑板车。

儿童练习滑板车则要注意以下几点：

1. 车把的高度要略低于孩子的胸部，利丁孩了握把，太高不利于控制车把，太低玩久了就会觉得累。

2. 正常滑动时，车把和车身成垂直方向，只有在拐弯时才扭动车把，拐弯时滑动速度不要太快，以免摔倒。

3. 儿童滑板车的轮子要大些，且材料要软，这样缓冲的作用就大，遇到小沟或不平整路面就安全得多。

4. 应选择人相对较少的地方练习，地面要平坦些，同时要有大人陪护。

名人故事

中国滑板第一人——车霖

2013年5月1日，中央电视台中文国际频道“流行无限”栏目组报道了一位已经32岁却看起来像23岁的年轻人，并给他冠了一个比较厉害的名头——中国滑板第一人。这个人就是车霖。

车霖，河南郑州人，中国最著名的滑板职业选手，因参加第一届亚洲室内运动会滑板比赛项目并夺得金牌（在国内是第一个），被人称为中国滑板第一人。央视的报道也直接使用了这个称号。之后，车霖参加了国内外各类滑板比赛，并多次捧得冠军奖杯。

1995年，14岁的车霖开始接触滑板，2001年就开始职业滑板生涯。2003年至2005年，他连续3年在全国滑板项目上排名第一。2005年11月举办的第一届亚洲室内运动会上，他为中国夺得金牌，这也是我国选手获得的第一枚此类运动的金牌，也是这3年中他的最好成绩。

车霖的父母都是郑州市事业单位的普通职工。他们原来可没有想着让车霖玩什么滑板，只是想着让孩子能顺顺当当地考个好大学，找一份好工作，娶一个好媳妇，然后他们老了再带带孙子，替儿女们减轻点负担，这辈子也就可以了。但是车霖的成长却完全没有按照这个模式发展，车霖似乎从小就打定主意不按父母设计好的路子走。

1990年，车霖9岁时，车霖的父亲车伯忠带他看了一部美国滑板影片《危险之至》，这部影片讲述了一名滑板少年利用高超的滑板技能，战胜歹徒的故事。车霖后来回忆说："那个美国孩子成了我的一个梦。驾着滑板飞，太刺激、太过瘾了！我也想像他一样玩滑板。"但这项发源于美国的极限运动当时在国内基本上还没有人知道，而且当时在郑州根本买不到正规滑板。耐不住车霖的整天纠缠，车伯忠给小车霖买了一个所谓的玩具似的滑板。车霖就整天玩这个一直玩到了初中。后来，车伯忠一次出差，才在外地给他捎回了第一块专业滑板。

车霖当时学滑板可不是件易事，根本没有教材、也没有任何影视资料或互联网资源。车霖就向周围掌握了某个绝招的伙伴学，甚至让他父亲把电视上播放的滑板运动片段录下来，一格一格慢慢放，跟着学。2000年之前，车霖参加了一些业余滑板比赛，在圈里小有名气。

2000年，全国第二届极限运动会在浙江湖州举行。这时上海FLY滑板俱乐部的创始人韩敏捷（韩敏捷是国内最早的一批滑板爱好者，后来转而从事滑板运动的推广，成立了全国首家滑板俱乐部）找到了车霖，经常向车霖传授自己的经验。FLY滑板俱乐部也经常给车霖寄技术资料。这之后，车霖开始按照世界滑板比赛的正规标准，修正了许多从前学习和练习的"街头把式"。车伯忠发现，这孩子特别有自己的主见，很独立而且也很刻苦。车伯忠感叹说："这孩子，夏天就甭说了，冬天他练滑板，衬衫一扭就是一把汗。"

从2001年起，车霖开始正式并且频繁参加国内的各项专业滑板运动比赛，当他一次又一次技炫全场，一次又一次踏上领奖台时，没人怀疑，中国极限运动的一颗耀眼明星，正在冉冉升起。

2003年，车霖正式成为国内职业滑板选手。他是全国第一位职业滑板选手，每月有薪金，参赛和巡回表演可获得奖金，并得到包括滑板用品商的赞助。

2005年11月，车霖代表中国队参加在泰国曼谷举办的第一届亚洲室内运动会，该运动会的滑板项目强手如云。在17日下午的决赛中，车霖在短短的1分钟内，成功做出了"滑杠、变脚、翻板、腾越"等12个高难动作，以完美表现征服了评委和观众，夺得冠军。这是中国队获得的第一枚极限运动亚洲金牌，中国国旗也第一次在世界极限运动大赛上升起。

现在的车霖不仅是职业赛手，同时还在郑州开了FLY滑板专业俱乐部，自己做起了老板来推广滑板运动。但他依然保持着当年街头小子的本色。车霖的技术在国内独树一帜，国内的滑手都知道，车霖的当家功夫是娴熟的"反脚大乱技术"，即所有的动作都是"乾坤大挪移"，用承重脚来完成。

车霖和许多玩滑板的人并不仅仅把这项极限运动当成是在比赛场上的一场角逐，更把它当作一种游戏，一份生活的享受。

当谈到国内滑板新人应该注意什么时，车霖说："技术方面应该打好基本功（包括滑行），循序渐进地练习，这样才能走得更远。心态方面应该追寻自己最开始滑板的原动力，这就是喜爱（喜爱并不代表一定要成为职业滑手），如果下定决心要成为职业滑手，那就不要急，只要你具备这个能力，只要你的努力使你达到了一定程度，很多东西不用你去找，它们（比如赞助、金钱、名誉）会自己来找你的。"

第五章 骑行的快乐（一）——自行车

阳光正好，风也轻柔，天地间的各种声音穿过耳际，小鸟们的歌声伴随着同伴们串串爽朗的笑声，在这漂浮着四季独特气息的气氛中，那些都市的或者乡村的骑行者们，为了心灵的绽放，为了感受空气的清朗，为了让心胸更加开阔，于是借助各种骑行工具，开始了一次又一次快乐的骑行。

运动人体学专家认为：户外骑行运动不仅可以强健身体，而且可以改善心理健康，人际关系。

骑行，可以锻炼人的内脏器官，强化心肺功能，提高耐力，促进新陈代谢和血液循环，延缓机体衰老。骑行穿梭于喧闹的都市抑或宁静的村庄，不论远近，都能放松心情。近途，可以随时随地访古览胜；远行，可以随心所欲游山玩水。尤其骑行者都是一个团队，少则三五人，多则几十人，互相关照，一路相随，更加增进了人际关系的交往。

于是，越来越多不同年龄、不同身份的人也都开始选择这项燃烧脂肪，而不是燃烧汽油的绿色环保的户外运动。从老人到青年，他们怀着不同的理想，驾驭着自己的爱车，远离世俗的纷扰、情感的纠葛，或快或慢、或长或短，从旅途的一端行至另一端，追寻着自己的方向。

最常见的骑行方式是自行车骑行。而自行车骑行主要分为山地自行车骑行和公路自行车骑行，当然也包括其他类型的自行车骑行，由于篇幅所限，我们就只介绍这两种自行车骑行。其他的骑行方式还有独轮车和各种活的骑行工具，比如骑马、骑驴、骑骆驼等。本章我们先介绍前面的两种骑行方式，下一章我们接着介绍后面的三种骑行方式。

山地自行车骑行

山地自行车原名是从英文“Mountain Bike”翻译过来的，意思是可以在山上骑行的自行车，是专门为越野（丘陵、小径、原野及砂土碎石道等）行走而设计的自行车。

山地自行车起源于美国。1974年，美国的葛瑞佛史（Gary Fisher）、查理克林（Charlie Kelly）等几位年轻人想要一辆远离警察、汽车和建筑物的可以在公路外的地方骑行的自行车。于是他们尝试着将配件和摩托车部件安装到单沙滩车上，这便是山地自行车的最初原型。1977年，美国青年斯科特（James Finley Scott，当时是美国加利福尼亚大学的学生）突发奇想：“要是能骑着自行车从山上飞驰而下，一定非常有趣。”于是便开始设计越野自行车。因此他就成了第一个将普通自行车改装成山地自行车式样，并最早骑山地自行车进行越野的人。1979年这种自行车被正式命名为山地自行车。

之后越野运动逐渐在欧美流行，并形成赛事。1990年国际自行车联盟承认了这项运动，并于1991年首次举行世界杯赛。现在在国内也有各种各样的山地自行车比赛，比如由国家体育总局举办的全国山地自行车赛，由其他省市举办的诸如环青海湖国际山地自行车赛、江西龙虎山山地自行车赛、环鄱阳湖山地自行车赛、中国黄山（黟县）国际山地车节、中国南岳衡山山地车挑战赛等赛事，也都具有一定的知名度。

山地自行车的主要特征是：宽胎，直把，有前后减震器，骑行较舒适。宽而多齿的轮胎提供抓地力，前后减震器会吸收各种冲击力，让骑行变得更舒服。另外山地自行车还具有刚度大、行走灵活等特点。骑行时不必刻意选择道路，无论街巷漫游还是休闲代步，都具有良好的性能。骑车者可以在各种路面上尽情享受舒适的骑行乐趣。优越的骑行性能，再加上其坚固、粗犷、新颖的外形，缤纷夺目的色彩，山地自行车很快成为现代青年追求的时尚。

公路自行车骑行

公路自行车，俗称“公路车”。它与山地自行车和休闲自行车一起构成自行车的三大类。和山地自行车运动相比，公路自行车运动在中国起步较晚，不过随着公路自行车运动的普及，其影响也将不断扩大。

公路自行车主要指的是在公路路面（或人为硬化道路，或砂石路）上使用的自行车车种，和山地自行车最明显的区别就是：轮胎比山地自行车甚至是普通自行车都要窄，自行车车身重量相对比较轻（有的公路自行车不到5千克，但国际自行车联盟规定的参赛车不得低于6.8千克），轮胎比较硬（这样更方便骑行者发力，因为公路自行车都是在路况比较好的公路上面骑行，所以不需要像山地自行车那样考虑吸收震动的问题）。

公路自行车赛的顶级赛事主要是，每年五月份在意大利举办的自行车赛（简称GIRO）、七月份在法国举办的环法自行车赛（简称Tour）和九月份在西班牙举办的环西班牙自行车赛（简称Vuelta）。这三大赛事中，最负盛名的是Tour。Tour起始于1903年，到现在已有一百多年的历史。参加比赛的选手在23天的时间里，完成21个赛段。总骑行距离长达三千多千米，途中还要翻越高耸的比利牛斯山脉和阿尔卑斯山脉，难度可想而知。但是整个比赛路线沿途风景如画，选手们不时穿越一个个美丽的乡间小镇，而这一切正是环法自行车赛的魅力所在。

活动方法

说起骑车，很多人都觉得太简单了。不过不管是山地自行车还是公路自行车，都有一些地方是需要骑行者注意的。

（一）上下车姿势

由于山地自行车和公路自行车整体车架比普通自行车要高，如果不注意上下车姿势，很容易摔跤。比较安全的上车姿势是，先把车身向自己侧斜，右腿跨过横梁，并顺势踩住右脚踏，把车压正，右脚发力，车轮前行，左脚离地，臀部顺势移至座垫上，完成上车启动。当然，如果你一开始不适应，也可以采用普通自行车从后面跨腿上车的骑行方法，但这种方式存在风险，可能会因座位太高一下到不了位而摔倒，或者被所携带的行李绊倒。

与前面的上车姿势相对应，下车前先刹车使车速慢下来，臀部前移离座，重心放右脚，左脚离开脚踏准备撑地，同时车身略向左倾斜，左脚撑地，重心移至左腿上，车身向再左倾斜放低，便于右腿收回。

（二）调整档位

和普通自行车相比，山地自行车和公路自行车最大的特点就是有挡位，在骑行过程中可以通过调节调速器来实现变挡以方便骑行。常见的山地自行车和公路自行车挡位有15挡、18挡、21挡、24挡，还有一些高级的有27挡甚至是30挡。具体而言，前面的三个大轮（从小到大分别为1～3挡）配后面5到10个小轮（从大到小分别为1～10挡），前后互相搭配。

在骑行过程中，如果路面比较平整，骑行条件很好，想加快速度可以用前大轮（一般都是3挡）配后面的小轮（6～10挡）。后面配的小轮越小挡位越高，骑行速度就越快，骑行也就越费力。

反之，如果遇到骑行条件不好，道路崎岖甚至是上坡的情况，就恰好相反，前面用低挡位的小轮，后面用低挡位的大轮。尤其是连续上陡坡的时候，基本上前面要用最小的挡位，后面用2挡位，这样就可以骑着上坡了。有些人用前后都是1挡位的搭配，那样骑行会特别费力，而且自行车还基本不前行，如果“2，3”搭配的话，稍微陡一些的坡是上不去的。如果不知道这个技巧，遇到陡坡是不能骑行上去的。另外要学会在陡坡上走“S”形，这个技巧很重要哦，可以有效减小骑行时的坡度，方便骑上陡坡。这也会是你在别人面前出彩的一个绝佳机会，别人办不到的事，你轻易就可以办到，怎么能不让人刮目相看。

当然，如果在一般路上正常骑行，可以选择“2，6”搭配，也可以选择“3，5”搭配，这样骑行会比较轻松而且有一定的速度。

（三）紧急刹车

一般情况下的缓慢刹车大家都会。但一旦遇到紧急情况的时候，一定不要慌，要知道稍微好一点的山地自行车和公路自行车的刹车基本都是碟刹，比较容易抱死。这个时候一定要注意不能先捏前闸刹车，否则很容易让人飞出并甩到车子前面去，非常危险。一定要按照顺序反复连续轻点后闸和前闸，车子很快就会平稳停下来。

（四）转弯

山地自行车和公路自行车的骑行速度一般都比较快，遇到转弯时一定要提前减速并注意认真观察周围的骑行环境，这样才能比较顺利地转弯，否则就容易摔倒甚至发生意外事故。

此外，不论是山地自行车还是公路自行车，在骑行过程中都还会有一些炫目耍酷的技巧，如果愿意你可以好好学习学习哦。

提车头技巧：提车头技巧可不只是为了耍酷给旁观者留下印象，主要还是为了在骑行时克服木块、树根和石头的阻拦。或许你在想提车头还要技巧？用劲把车头拉起来就是了，非常简单。这你可就错了，你不觉得那样做很费劲吗？其实，你只要在提起车头时，重心微微向后转移，同时对脚踏加一点儿力就可以了。当你把这两个要诀很好地结合在一起时，用轻微的拉力就能使前轮腾空！

定车：当你能突然刹车并直直地立在原地至少超过十秒钟而身体的任何部分无须接触地面时，你就完成了定车。这是停止前进的重要技巧，在场地赛中这种平衡技术甚至比速度重要得多。

你可以顺着路，轻轻用前闸慢慢刹车，然后臀部离开车座，身体站立，转动车头偏向使你感觉舒适的一边，保持重心，用脚踏的压力，同时用前刹保持平衡。如果快撑不住了，就松松刹车前进一点，直到你恢复平衡。

兔式跳跃：知道如何像小兔子一样跳跃（即在无任何斜坡或跳跃帮助的情况下让两个轮子离开地面），能让你在碰到突然出现的小洞穴、石块、一截湿滑的铁轨或一小段断路时不至于来不及刹车而摔倒。轻压自己的身体，想象你的胳膊和腿是个“大弹簧”，把这个“弹簧”压住，然后突然放开，就会把车子带离地面。用更精确的方式来表达，兔式跳跃就是用自己身体做的跳跃动作。只要你动作流畅，车子自然也会跟着跳。不过，如果你要跳过一段高高的木头，首先得集中注意力让前轮抬起得足够高以便越过障碍物。当前轮越过后，即使后轮稍稍碰到障碍物，也不会影响你整个的跳跃动作。但如果前轮都没有越过障碍物，那么你的这一跳注定要失败了。

培养品质

骑行是一个整体协调运动，它不仅能培养孩子身体的协调能力，增强孩子的身体体质，还能培养孩子的应变能力和处理突发事情的能力。同时，骑行也是一项群体性运动，对培养孩子的团队意识和合作精神特别有效。此外，所有的骑行都要和天地自然做亲密接触，可以培养孩子热爱自然，热爱生活，关心细节，关爱他人的美好品质。

注意事项

（一）坐垫角度

一般坐垫需要水平安装，或者前端稍稍低一点，但尽量不要前端上翘。

有人骑完车后常常会抱怨胯下痛，这可能是坐垫前端对臀部或大腿内侧的压力过大所致，这时需要检查一下你的坐垫是否水平，甚至可以将坐垫的鼻端稍稍向下调整一点。当然你也可以穿上专业带护垫的骑行裤来保护自己。

（二）坐垫高度

坐垫高度不合适，长途骑行后会出现膝盖疼痛，且多数时候，人体膝盖的损伤不可恢复，医生也仅能帮你保持现状不再恶化。所以，骑行时一定要重视坐垫高度的设置，以保持正确的姿势，避免损伤关节。

根据我的经验，车座最合适的高度：当脚蹬到最低点时，腿可不费劲地伸直。当然不用特别绷紧，要留有一点余地，但是至少你感觉你的腿应该是伸直的。这样当你骑行时，膝盖所需要运转的角度最小，磨损也最小。同时，由于腿处于舒展的状态，肌肉不容易疲劳，可以避免抽筋。

当然，如果你还不适应新车，不习惯把坐垫调高，可先低一些，慢慢再升高，一切以安全为先。

（三）背部、脖子的姿势

骑行中背部应是直的，但不是竖直的，而是前倾而自然伸直的，要从臀部前倾，而不是腰部或后胸，否则罗锅着腰不仅不好看，而且长时间骑行后还会腰酸背疼。

脖子也要自然挺直，别太低或太挺，否则时间长了脖子会酸痛。如果你感觉脖子要低一些，耷拉着脑袋才舒服，那你是需要休息了，尽快去休息吧。

名人故事

潘德明：80多年前骑行环游世界的第一位中国人

人类历史上，首次完成环绕地球一周的，当推16世纪的葡萄牙人麦哲伦。

但以双脚和自行车骑行完成这一壮举的世界第一人，则是中国的潘德明。他在世界上开辟了徒步环球旅行、探险的先河。为了纪念这位英雄，中国自行车旅游者协会的最高奖项就称为“潘德明骑游奖”。

20世纪二三十年代初，多苦多难的旧中国一直被人欺负，中国人也被外国人歧视为“东亚病夫”。为了改变外国人对中国的这一印象，当时的一位年轻人潘德明做出了一个大胆的举动——1930年从南京出发，骑着一辆英制的“兰铃牌”自行车，携带一本自制的重达4公斤的《名人留墨集》，开始他漫长而艰辛的旅途。这个过程历经7年，其间走过40个国家和地区，行程数万公里。他也由此成为中国第一个骑行环游世界的骑行者。

潘德明（1908—1976），祖籍上海南汇沈庄陈家宅（今属上海浦东新区），生于浙江湖州。潘德明从小就热爱体育活动，七八岁开始，他常环湖州城跑步，爬山登高，并阅读各种有关世界地理和旅行的书籍。

1930年春，他从报上看到8名青年为了雪“东亚病夫”之耻，组织“中国青年亚细亚步行团”的消息。此时已经独立开餐馆的潘德明征得父母同意后，关掉餐馆，于当年6月份赴杭州参加步行团。一行8人经杭州、广州、海口，不到半年进入越南的海防市。其间同行者或因难耐其苦，或因患病，相继打道回府。行到清化（越南北部城市），仅剩他一人，潘德明决定独自走下去，而且索性走出亚洲。1931年元旦，他买了一辆英国“兰铃牌”自行车骑车到西贡（今胡志明市）后，自制了一本《名人留墨集》，然后开始了只身徒步和骑自行车环游世界的壮举。1931年4月开始，由东南亚抵达南亚次大陆（地处亚洲南部），经中东进入非洲的埃及，北渡地中海到达巴尔干半岛；从意大利经中欧，然后越过北欧斯堪的纳维亚到达英国；又从英国横渡大西洋，于1934年1月抵达美国；再经拉丁美洲，由巴拿马乘船，横渡太平洋，到达大洋洲的新西兰、澳大利亚；再抵达亚洲的印度尼西亚、泰国。1937年6月从缅甸回到云南，7月返回上海。

1932年7月，潘德明来到巴黎，他参观了卢浮宫，看到了把法国国王路易十六和许多显要人物送上断头台的协和广场，观赏了巴黎圣母院……当时，法国正在欢度国庆，仪式之后，总统勒布伦、总理达拉第和外长接见了这位中国旅行家。勒布伦说："潘德明先生，对于你的壮举，我想用法国之雄拿破仑的一句话奉送：中国是一个多病的、沉睡的巨人，但是当他醒来时，全世界都会震动。"

在巴黎，潘德明还遇到了在此地养病的张学良将军，并得到了将军的极大赞赏和支持。张学良说："潘先生，旅途三年，艰苦卓绝，汉卿敬佩之至。"并在《名人留墨集》上挥笔题下了"壮游"二字。

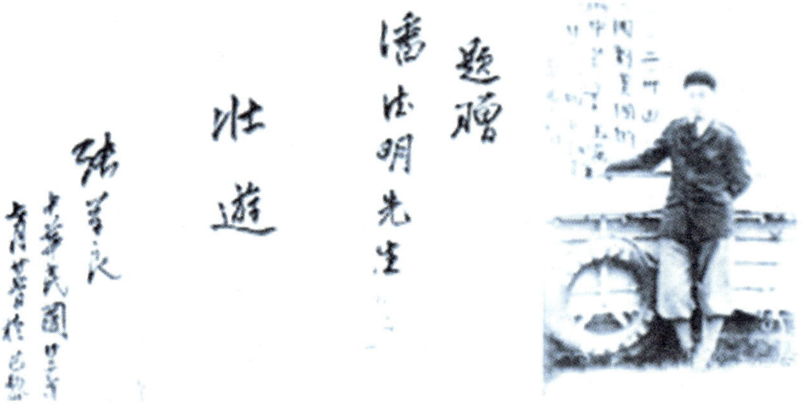

1934年1月，潘德明到达纽约，当地媒体发表了一张潘德明脚踏地球的照片，以报道中国青年的壮举。美国总统罗斯福还接见了他，并赠予他一枚金牌。

这本珍贵的《名人留墨集》中共记有1200个团体和印度甘地、尼赫鲁、泰戈尔等当时大名鼎鼎的人物的题词和签名，以及571枚各国邮戳、印章。但就在他结束全程回到南京的第二天，"七七事变"爆发。这一壮举在战火硝烟中沉入历史，鲜为人知。但是他的坚强意志和不屈精神，上下求索、不畏艰险的勇气却未曾被泯灭和遗忘。

在自制的《名人留墨集》扉页上的"旅行世界自叙"中，潘德明写道："以世界为我之大学校，以天然与人事为我之教科书，以耳闻目见直接的接触为我之读书方法，以风雪雨霜、炎荒烈日、晨星夜月为我之奖励金。要一往无前，表现我中国国民性与世界，使知我中国是向前的，以谋世界上之荣光。"

第六章 骑行的快乐（二）——骑马骑驴骑骆驼

“乱花渐欲迷人眼，浅草才能没马蹄。”两句古诗，曾经燃起多少男儿马上观花的激情！其实，骑上骏马，一路走来，万紫千红，尽收眼底，还真是令人神往的一种旅行方式呢。

在冷兵器时代，马就成为穿梭在驿站和战场之间最重要的工具了。你看，策马扬鞭的健儿，正把紧急的信息，通过马背传递到远方；催马挥戈的勇士，正把浑身的英气，通过马背施展出来。而如今，各式各样的机动车遍布大街小巷，似乎骑马已经远离了我们，其实不然。骑马作为一项古老的生活技能，已经悄然成为今天新兴的一种娱乐旅行。骑上良马，雄风即来，抖擞精神，岂不乐哉？当然，也有人喜欢驴的温驯，爱好骆驼的舒适，骑上自己喜欢的坐驾，走进自然，随情行止，率性出游，岂不是人生之乐事？

爱玩好动是男生的天性。骑行是相对有趣的一种体育锻炼，骑行十分钟就相当于按摩10000次，骑行半小时就相当于慢跑2.5公里。骑行，既能锻炼我们身体的柔韧性、平衡性、自主性，又可以提高我们的胆量，增加我们的信心。据调查，从小骑马的孩子，智商、情商的发育都比同龄孩子要高。培养一份骑趣吧，让你的生活更多彩！

骑 马

人类与马的因缘最早可以追溯到旧石器时代，当时的原始人将马作为一种重要的肉食来源。在公元前5000年左右，人类开始学会了骑马和驯养马匹。在我国，直至春秋时期，马也仅是一种拉车的工具。至战国赵武灵王改胡服，习骑射，中原地区才有了骑兵，骑马才逐渐流行开来。

现在骑马作为一种休闲、娱乐方式，较为普遍。骑马旅行在很多国家大受欢迎。在英国，在马道上骑马观光是欣赏英国乡村美景的最天然的方式；在美国西部，你大可以像牛仔一样手握马缰做一次骑马旅行，将自由、粗犷以及我行我素的个性张扬，伴以悠扬的吉他声，纵横于黄沙道上。

骑马活动的基本工具和方法：

基本工具大体上分为两类，一类是供马使用的马鞍、马辔（笼套、衔铁、缰绳）和马镫等，另一类是供骑手使用的头盔、马靴、马裤和马鞭等。

骑马关键要掌握好下面的几个动作：

（一）上马

上马前先要检查马具是否放好。

1. 骑手立于马的左侧，正对马身，将马缰分开越过挂于马颈部，放下马镫。

2. 面向马体斜后方，将左右缰绳整理齐，使两缰内面相合，贴于马颈，衔铁轻接马的口角，左手持缰，将无名指插入两缰中间连同马鞭一起抓住马鬃，拳心向下。

3. 抬起左腿，左脚掌踩入马镫内，踩镫上马。

4. 右手抓住后鞍桥（马鞍尾部）右侧，左脚尖向下压，使其位于肚带下方。

5. 右脚蹬地，借助右脚掌的弹力和两臂的力量，轻轻向上跳。

6. 当左腿伸直身体挺起后，右手撑在马鞍前部，右腿伸直抬起，迅速跨过马的臀部，注意不要触及马体。

7. 随着右腿跨过马体，双手支撑体重，轻轻坐于马鞍上。

（二）骑行

上马后右脚轻轻踩入马镫内，分开左右缰，双手持缰，上身挺直，目视前方，保持正确骑坐姿势。想让马走起来，可以重心前移，稍松缰绳，用马镫轻碰马腹。要转向时拉扯两条缰绳就可以了。

（三）下马

下马姿势与上马姿势相反，右脚脱镫，平伸右腿从马臀部上方迈过，还是要注意腿不要碰到马的臀部，否则马容易受惊而突然奔跑或跳跃，从而造成危险。

也可不借助马镫下马，以防马突然运动，造成马拖着人跑起来。

1. 两脚脱镫，左手持缰抓于马的鬐甲部，右手撑于马鞍的前鞍桥上，身体稍向前倾。

2. 向后抬右脚跨过马背，同样要注意不要碰触到马的臀部。

3. 双手支撑身体，两腿悬于马体一侧。

4. 双脚同时落地，注意要双膝稍屈轻轻落地，不要碰到马的前肢。

培养品质

骑马的乐趣，既在于与马的配合，又在于“骑”乐无穷。骑马有助于培养孩子们热爱生活、爱护动物的情怀，对智力、情绪、心理、性格的锻炼，都有独特的效果。同时，骑马有助于培养孩子们的应变能力和心理承受能力，锻炼他们的平衡性和能动性。

注意事项

1. 接近马时不要做剧烈的动作，剧烈的动作会使马受到惊吓。

2. 上马前一定要检查肚带是否已经勒紧，检查缰绳、肚带、脚镫的牢靠程度，调整好脚镫的长度。

3. 上马时要从马的左前方上马，不要从马的后方接近马，也不要站在马的后面，防止被马踢伤。

4. 在马上不要做剧烈运动，不要在马上脱换衣服，尤其是颜色鲜艳的衣服，这样会使马受到惊吓。

5. 上马动作要稳要快，胆大而警惕。若在上马时，马原地转动，就抓住缰和鬐甲毛，人可随马转动。

6. 上马后要尽快调好缰，右脚踩入马镫内，以便控制马。如右脚尚未踩入马镫内马已跑快，可用两腿夹紧马的腹侧，待其慢行后再踩入马镫内。

名人故事

霸王驯“乌骓”

“乌骓”是一匹野马，刚被捉到时，野性难驯。许多将士想要将它驯服，都没成功。体强好胜的项羽听说后，也想试一试。项羽一骑上乌骓，乌骓就左冲右突，前蹿后跳，不甘就范。项羽索性放马扬鞭，让它放力奔跑。一片片树林被甩在身后，一座座高山被踩踏而过。乌骓非但没把项羽摔下来，反倒累得汗流如注，身疲力竭了。霸王不慌不忙骑在马上，忽然童心大起，用胳膊紧紧抱住一棵树干，本想一下把马压制得动弹不得，谁知乌骓也不甘示弱，拼死挣扎，结果那棵树被连根带起。乌骓总算被霸王的拔山之力折服了，心甘情愿地让霸王驱使。

有了这匹马，项羽巨鹿之战，九战九捷，以少胜多。力战60多员秦将，霸

王枪未点地，马未倒退半步，身经百战而无有败绩。可叹乌骓宝马随霸王死在垓下之战中，当时“遂命小卒牵马渡江。那马咆哮跳跃，回顾霸王，恋恋不欲上船，霸王见马留恋不舍，遂涕泣不能言。众军士揽辔牵马上船，那马长嘶数声，望大江波心一跃，不知所往”。后来郭沫若先生还专门写了一首七律无题诗来歌颂乌骓马，“传闻有马号乌骓，负箭满身犹急驰。慷慨项王施首后，不知遗革裹谁尸？”

骑驴

在古代，驴是一种出行的交通工具，武士骑马，文人骑驴。驴背上摇晃，才会有时间琢磨那些难以想通的问题。孔子周游列国时，正因为驴蹄嗒嗒，辇车吱吱，人生的顿悟才在驴车上偶得。同样，骑坐驴背，一路走来，笑看野草闲花，体验悠闲自在，也是一种十分有趣的活动。

古人二八闲月，骑驴出行，或串亲走戚，或骑乘赶集，或放牧野外，真是自有一番闲滋味。

骑驴活动的基本工具和方法：

基本工具有驴鞍、驴镫、笼套、缰绳和驴鞭等。

骑驴也要掌握好上驴、骑行、下驴等动作。

（一）上驴

1. 爬骑式。骑手立于驴的左侧，左手拉住缰绳，控制驴不前行，跳起，身子趴到驴背上。然后抬起右腿，跨过驴背，调整坐姿，坐正。

2. 踩镫式。骑手立于驴的左侧，左手执缰，右手扶驴背，左脚伸进镫子里，身体向驴背倾斜，右腿蹬地，用力跨过驴背，骑好坐正。

（二）骑行

上驴后右脚踩入驴镫内，夹紧驴腹，上身挺直，目视前方，保持正确骑坐姿势，驱驴前行，身体随驴行的节奏自然起伏。

（三）下驴

拉住驴缰，让驴停止行走，俯身向前，双手按住驴背，将两脚从驴镫里抽出，以臂支撑，右腿抬起跨过驴背，将身体调整到驴的左侧，轻轻跳下，稳稳落地。

培养品质

骑驴可以体会亲近自然的快乐，培养生活乐趣。骑驴还可以提高独立解决问题、处理问题的能力，陶冶审美情趣和个人情操，培养细微观察、认真实践的习惯和品质。

骑驴还能强化人的平衡感与控制力，加强人对自然、对动物的感知水平，培养热爱动物、热爱自然的心理，加强环境保护的意识。在骑行中，身体也得到了充分的锻炼，使身心得到更全面的训练。

注意事项

1. 在骑驴时不要穿艳丽的服装。

2. 接近驴时不要做剧烈的动作，以免驴受惊。

3. 上驴前一定要检查驴具是否齐整，上驴动作要稳要快。

4. 在驴上不要做剧烈运动，不要脱换衣服。

5. 骑行时，要注意身体和驴的行走保持同一节奏，要自然放松，不必过分紧张。

6. 下驴时动作要稳，注意安全。

名人故事

骑驴觅句，成就一代鬼才

李贺是唐代著名诗人，河南福昌人，字长吉，因此，世人称他为李长吉。他的诗写得非常好，少有大才，与李白、李商隐三人并称唐代“三李”。李贺的诗，深受楚辞、古乐府、齐梁宫体、李杜、韩愈等多方面影响，经自己融会、沉思，形成非常独特的风格，最大的特点就是想象丰富奇特，语言瑰丽奇峭。

李贺在京时与王参元、杨敬之、权璩、崔植等结为密友，常偕同出游，一起吟诗谈论。他的后边常常有一小童骑驴相随，背一破锦囊。他看到外面的景物，心有所感，就写成一句诗，放进口袋里。回去后，就把口袋里的诗句倒出来，把它写成一首诗。李贺如此用功，其母郑夫人常说：“是儿要呕出心乃已耳。”

“李贺骑驴觅诗句”传为佳话，他的诗也备受时人推崇。《文献通考》中说：“宋景文诸公在馆，尝评唐人诗云：‘太白仙才，长吉鬼才。’”李贺死后葬陇西（今甘肃省陇西县昌谷乡袁家湾），俗称“学士坟”。

骑骆驼

在我国西北有沙漠的一些旅游景点，备有不少骆驼。游人可以骑上骆驼照相留念，兴致高的人还可以骑着骆驼行走一番。

我国的骆驼个头高大，一般在1.8米至2米之间，都是双峰驼，安全系数较高，便于骑行览胜。

骑骆驼活动的基本工具和方法：

基本工具有驼鞍（或软垫）、驼镫、驼辔（包括笼头和缰绳）和驼鞭等。

骑骆驼和骑驴、骑马稍有不同：

（一）上驼

骆驼高大，要上驼，首先得让骆驼趴卧——手持缰绳向下方抖动，嘴中同时发出口令才行。蒙古人发的口令是——“叟、叟、叟”，与蒙语中“坐”的发音相同。骆驼收到口令后，前腿“嗵”的一声跪倒在地，接着后腿倒地，于是骆驼就伏卧在人的旁边了。人从骆驼左侧踩着驼镫骑上去，待右脚入镫后，双脚反复轻磕骆驼的腹部，骆驼便会站立起来。骆驼从卧到起要经过“三起”：前腿弓起，后腿蹬起，最后才完全站起。骑者的身体也必须先前倾，然后蹬住驼镫向后用力，否则人必然会摔下来。

（二）骑行

骆驼走起来，坐在驼背上的感觉是一前一后，一颠一覆，好似想把人摔下来。不会骑骆驼的人，经过三四个小时的骑行后，臀部十分疼痛，回到平地后就不会正常走路了，步履艰难的样子常引来他人的笑声。

会骑骆驼的人，除了两脚着力外，在慢行时身体应当向后仰，这样就把臀部的颠簸转化为腰部的摇摆，自然免去了臀部的疼痛。骑骆驼转向跟骑马一样，拉扯缰绳就行。

骑骆驼还得配驼鞭一支，用驼鞭打几下骆驼的臀部，再“嗷，嗷”喊两声，骆驼就跑起来了。在骆驼奔跑时必须两脚用力，使臀部高高抬起，微屈膝盖以化解颠簸，聆听耳边呼呼的风声，很是过瘾。骆驼正常的跑动永远用碎步，如果骆驼受了惊吓，双腿齐动如斗牛场的牛那样，人们称作——“撒欢”，无论是谁也逃不脱挨摔的下场。

（三）下驼

骆驼从站立到卧下经历“三落”——前腿下弓，再曲后腿，完全卧下。骑手在上面要对应地先前倾，再后仰，最后平视。

培养品质

骑骆驼可以培养孩子们的爱心，学会热爱大自然，学会享受生活。骑于驼峰之间，放飞自己的心情，让视线更高，视野更广，心情更乐。在骑行中忘却忧愁与烦恼，全身心融入风景，融入自然，融入驼铃声声，在最原始的骑行中体验旅途的快乐，享受生活的情趣。

骑骆驼还可以提高身体的平衡力、自控力，增强自信和勇气，遇到事情不畏惧、不退缩。

注意事项

1. 骑行时最好穿旅游鞋，尽量不穿凉鞋和高跟鞋。

2. 最好不要随身携带物品，如有贵重物品可背斜挎包，小心掉落。

3. 不要擅自到骆驼的跟前活动或触碰骆驼，小心被伤。

4. 上骆驼时应听从牵驼人或导游的安排，坚持左上、左下，上驼后用脚踩住驼镫。

5. 骑行时小腿不要夹得太紧，以防擦伤小腿。

6. 上驼后应扶稳，不要大喊大叫，手里尽量不要携带物品。

名人故事

朱丹：驼背上绽放的格桑花

2013年6月，《说走就走·我们爱旅行》栏目组走进青藏高原，录制高原旅行节目。首次担任该节目“明星导游”的朱丹，第一次踏上青海这片高原净土，完全被当地的自然美景和民俗民风所吸引。她一路西行，震惊于沿途“磕长头”的虔诚力量，日月山下体味唐番和亲的历史记忆，水井巷老街品尝风味美食。青海湖沙漠上第一次骑乘骆驼的朱丹得意非凡，一身英气，一脸阳光，灿若驼背上绽放的格桑花。

见惯在舞台上端庄大方的朱丹，不想她率性出征做导游也完全挥洒自如且独具个性，从自己独特的旅行思维与态度出发，去体会和发现青藏高原的特殊魅力。此次亲身游历，朱丹也连声赞叹这个离天堂最近的地方实在太美，并感慨“旅行就是感受幸福的存在”。

第七章　野炊野营

自从人类掌握了火，我们就脱离了蛮荒时代，拿到了阔步进入文明时代的智慧之钥；自从人类学会了筑房、制衣、烧饭，我们就告别了茹毛饮血的蛮荒时代，拿到了掌握人类自己命运的生命之钥。

然而，随着现代物质文明的极大丰富，人们开始向往“风吹草低见牛羊”的丰茂，向往“野旷天低树，江清月近人”的惬意，向往“半江瑟瑟半江红”“涛似连山喷雪来”的雄壮，向往“人闲桂花落，夜静春山空”的幽美……然而，放眼望去，处处灯红酒绿，岂有半刻宁静？到处高楼林立，红砖碧瓦，岂有片刻幽静？不时浓烟滚滚，沙尘漫天，岂见蓝天白云？

对美好、宁静、自然的渴望与追求，成了人们的新时尚。譬如，以前给猪牛吃的苕叶成了餐桌上的抢手菜；以前不起眼的农家小院变成了人们的香饽饽；以前人们梦想的火车旅行已不再是追求，现在人们追求的是穷游、徒步游，甚至是骑行游；以前孩子们随意在河边的一次野炊，如今成了夏令营、冬令营等的主题活动……

时下一些宅男宅女们沉迷于网络、手机、游戏之中难以自拔，让家长心疼，老师心焦。那些曾经的“野性”被都市文明让所淹没，让人心碎。

一个孩子如果没有经历过一次野炊、野营，或者是一次野外活动、野外探险，他的少年时代就不完整，有缺憾。不过你也不必急着马上出行，先让我好好给你们讲一讲野炊和野营。

野炊

作为一名男生，你可能会说，洗衣做饭，那都是女孩子的事儿。男孩子，志在四方，岂能为这些鸡毛蒜皮的小事儿烦心？亲爱的同学，万丈高楼平地起，连基本的生活技能、生存本领都没有，又如何奢谈闯天下呢？

野炊，顾名思义，就是在野外烧火做饭，往往是和朋友、玩伴一起，是一项锻炼生存本领的户外活动，也是一项休闲娱乐活动，深得孩子们的喜爱，甚至大人们也乐此不疲。野炊既能体现出成员的互动性、参与性，强调成员之间的团结协作，又能锻炼个人的动手能力。一个班级、几个朋友或同事来次野炊，不仅能营造轻松快乐的良好氛围，让大家乐在其中，还能联络感情、增强相互间的信任。

野炊拾趣

人类从树上跳到树下，从洞穴群居到建房居家，从生吃食物到烹饪食物，吃的方式、种类、花色越来越丰富，也很少有机会去野炊。人们对野炊的理解，更像是休闲娱乐的一种方式，一种娱乐活动。但野炊从生存意义上讲，是很重要的一项基本技能，不应当被我们所遗忘。

如果你有幸参加过夏令营，野炊你不会陌生。还记得当时的场面吗？就让我们一起看看下面的描述吧！

首先是打石灶。我们选了一个比较平的地方。不一会儿，霸手上搬着大石头“吭哧吭哧”地走过来，往地上一放，摆成了一个缺了口的圆形，层层叠加，一个石灶就搭好了。我再用小石头把缝隙塞住，这时在我眼里，我们自己搭的灶已不只是一个石灶，简直是一件艺术品。

小敏把一口大锅端来，往上面一放——呵！太完美了，灶和锅简直就是天生一对！“锅和灶很像小小彬和周渝民！”这时调皮的均说。小武不解地问：“为什么？太不像了！”“天生一对！”“……哈哈哈……”“嘻嘻嘻……咯咯咯……”大家笑成一团，笑出了眼泪。

我们的第一道菜是炒土豆片——这大概是全组最熟悉的菜了。趁着小敏切土豆的当儿，组长命令小武拾干柴。小武领命而去，跑得屁颠儿屁颠儿的，我过去看小敏切菜。我们原先是没有切菜板的，还是我们最喜爱的肖老师想出来的办法——在一只大纸箱上面铺一些塑料袋子，放在上面切菜。

生起了火，在锅里酌上油，只听见锅里噼里啪啦的声音，而且越来越大。我赶快让小敏放土豆片——“嗞!”的一声，土豆片下了锅，金黄的土豆片边上冒着小油泡，霸迅速地翻炒着。“盐!”“给!”“鸡精!”“这儿呢!”“葱花!”“来了!”还在翻炒，土豆片在锅里咯咯地笑着，上下涌动，像一片涌动的金色。最后，霸将锅轻轻地踮了一下，把土豆片舀出了锅，大功告成喽！大家都凑过去闻闻：“好香呀!”“嘿！你还有这手?”“别闻了，再闻涎水都流出来啦!”组长笑着说。

接下来是炒黄瓜，小敏洗完手发现黄瓜片少了一些，就一个个追问，只有霸不开口。大家心领意会，是霸这个馋猫偷吃了黄瓜。你看他，嘴里的半口黄瓜还没咽完哩！大家揭发他后笑骂一阵，又各干各的活儿去了。

最难的是炒肉，主要是因为我们都不会切肉。班主任告诉我们：切肉要先把肉往上推，再往下一拉，肉就切下来了，像你们那样切黄瓜的切法是不行的。“哦……”大家恍然大悟。

炒完了肉，最后是西红柿鸡蛋汤。我负责打鸡蛋。我把鸡蛋握在手里，在一个石头上轻轻一磕，蛋壳上面就出现了一个裂纹，若隐若现地看得见蛋黄，用两个大拇指轻轻一掰，蛋黄和蛋清都流了出来，流到碗里，像一个小太阳。

（周江民《野炊其乐无穷》）

读了上面对野炊的描述，你的味蕾是否被激活了？你是否有了想亲尝一口的冲动？那心动不如行动，让我们快快行动吧。

活动方法

野炊前，要进行调研，包括参与者的选定、野炊的目的地、前往方式（步行、骑车、自驾游)、成员分组、人员分工、联系方式等等。

接下来，就是确定骨干成员，拟订计划书、商定流程、采办食材、准备锅碗瓢盆，分派任务。

在出发前最好召集成员开个会，明确一下活动流程，包括集合时间、地点，确定路线、到达方式，检查所需物品是否齐备，分工携带所需物品，交代注意事项。

活动中要注意交通安全及野外旅行安全，精选组织协调能力强、乐于助人的同学担任小组长，负责组员的协调、安全、调度等事项。

到达目的地后，按事先的分工，埋锅造饭。搭建锅灶组：要选择相对开阔、平整且远离树林或草场的地方，尽量按照灶孔的样式，用石头垒砌锅灶。柴火组：尽量捡拾干燥的树枝树叶，如有条件，可自带一些助燃物。菜肴组：菜要洗干净，洗菜尽量用长流水，或者事先自己携带一些净水。一般不要用死水，如池塘水，如确实需要，一定要按要求净化后再使用。切菜、炒菜，尽量安排技艺娴熟的人，要注意安全，防止将手切伤，油、火伤身。后勤组：要合理分工，拆锅灶、洗碗筷，熄灭明火、收捡垃圾等事项，要一丝不苟。文娱组：安排好照相、即兴表演事项等。

培养品质

野炊活动是一项走进大自然、亲近大自然、亲力亲为的活动。通过野炊，既可以放松心情，还能增进彼此的友谊与信任，锻炼组织协调能力、自我管理能力、动手实践能力、团队协作能力等。

注意事项

1. 忌食品不卫生、不新鲜。外出野炊，要准备一定数量的食品。卤菜类食品最好当天购买。购买食品时应注意生产日期和保质期，以免误食过期变质的食物。也有一些人包装食品很马虎，随便找张废报纸或从旧杂志上撕几页纸下来用，这是极不卫生的。旧书报上都残留有苯、二甲苯等有毒物质或它的衍生物。另外，旧书报上的细菌也相当多，极易污染食物。因此，包装食品最好用消过毒的专用容器，也可用清洁干净的塑料保鲜袋。

2. 忌烟熏火烤食品。野炊中，在篝火上烤鱼片、肉饼、羊肉串，恐怕是让人最跃跃欲试、垂涎欲滴的了。其实，吃烟熏火烤食品是不健康的。烟熏火烤食品中有亚硝胺化合物，而这些物质累积到一定量时对人体有危害。我们可以多带一些新鲜的水果和蔬菜。

3. 忌喝生水。野外的水源，大都是自西向东流淌，呈自然“野性”，切莫见溪水清澈透明而乱饮。风景区的泉水，虽然看上去清碧透底，实际上很容易被病菌污染，是万万喝不得的，否则可能染上病毒性肝炎、肠炎等疾病。

4. 忌采食野蘑菇。秋季，山边、草丛、树林中常有野蘑菇生长。一些人见了往往情不自禁地去采摘，或烩菜，或烧汤，味道确实鲜美。然而因误食有毒蘑菇导致中毒者并不少见。一般而言，凡是五颜六色，含有乳白色汁较多的蘑菇多数有毒，千万不可食用。一旦误食出现中毒症状，如恶心、呕吐、腹痛、腹泻、全身冒汗等，须立即就医，千万不要硬撑，以免延误病情。

外出旅行野炊时还应注意个人卫生和环境卫生，最好随身携带消毒纸巾供擦手和消毒餐具用。野餐后不要乱扔瓜果皮壳、饮料瓶罐等，要及时把余火扑灭，以防发生事故。

回味野炊

野炊，炊出了乐趣

屈媛媛

不经风雨结出的果，不甜；不经风雨洗礼的彩虹，不美，不经苦水长出的树苗，不壮。

——题记

今天风光无限好，只是太阳太毒辣。没想到老师突发慈悲，让我们动手野炊。下午两点，尽管天气热得可以把人晒成肉干儿，但在老师的组织下，我们仍热热闹闹地出发了。

来到了做饭营地，忽见眼前一灶哉，我向四周“贼视”了一番，四周无人，便朝前跑过去霸占住了。

Then（然后）我带了几个“挺着将军肚”的大土豆去河边“洗澡”（削土豆皮），我挑起一个大且很饱满的土豆，一看，呀！有点坏的！就用削土豆的器具去挖。我挖，怎么还有坏的；我又挖，怎么还有坏的；我还挖，我的天呀，怎么还是坏的。“这该死的土豆，竟然和我作对，我非得削死你！”我心想，我又拿起土豆深呼吸一口，我挖，我挖，我挖挖挖，哎呀！我的妈呀，这咋还是坏的。我心一横，将土豆一扔，心想：“去你个烂土豆！”

干完后，我又来切土豆，“嚓”的一声，土豆此刻已被我一分为二。“把它切成土豆片吧！”心里想着，“嚓嚓”两声，我缓慢而笨拙地切着土豆。切完一看，差点没晕死，这哪里是土豆片，简直成了典型的土豆块儿。这不是折磨土豆吗? Oh! My god! 这让我怎么交差呀！

没办法，只能打肿脸充胖子将就着用。“主厨”周玙君把土豆倒进锅，“嗞嗞”土豆在锅里“尖叫”起来，翻炒几下，待土豆变成金黄色时，给土豆加了一些调味料，翻炒来翻炒去，待调味料渗进土豆的每一个“毛孔”就能出锅了。我夹了一小片尝了起来。“我的天呀，这土豆味儿怎么这么……半生不熟……”

做完这道菜后，周玙君坚持不做了。我们正急得如热锅上的蚂蚁，小将出马了，我睁大瞳孔，咦？这不是那个经常被同学们直呼周桂新的周爱杰吗？“怎么，难道他……”我张大了嘴巴，我想当时我嘴巴大得可以塞下个土豆。

他拿起一块儿瘦肉，先慢慢地割去肥肉，“嚓嚓嚓”肉被熟练地切成一个个长条，“噔噔噔”长条肉又被干脆地切成瘦肉丝。他又拿出青椒，一会儿工夫，佐料备齐了。

开始炒菜了！只见他拧开油瓶，往锅里倒上一些菜油，片刻后拿起肉盘，将切好的肉丝倒进锅里，撒上调料，均匀翻炒，等到把瘦肉美容成白色时，把切好的青椒推进去做伴，大约等了五分钟，青椒炒肉出锅了！“我尝尝！”说话间，我已夹了小小的一块尝了起来。What? What? What? 他竟能做出如此美味？这时我的嘴张得绝对能塞下个红薯。

意犹未尽的他又弄了个黄瓜炒火腿。他在锅里倒入适量的油，然后把切得薄如蝉翼的黄瓜片倒进锅里“畅游”。一分钟后，火腿肠也不情愿地被周爱杰推入锅中。他翻炒着，撒上少许盐及调味品，就出锅了。当他盛最后一片火腿肠时，火腿肠硬是赖在锅里怎么也不肯起来。周爱杰左舀，它右偏，周爱杰右舀，它左偏。周同学“火冒三丈”用锅铲一顶，火腿肠飞了起来，在空中划过一道优美的弧线，不知飞到哪个爪哇国去了。

一阵翻天覆地的折腾后，野炊终于“炊”完了，大家你一口我一口地吃起来，山沟里弥漫着饭菜的香味，回荡着欢快的笑声。

欢笑之后，我彻底明白了：自己动手，才能丰衣足食。自己收获的劳动果实，即使再苦，尝起来也是甜的。

野营

古人常说："在家千日好，出门一日难。"这句话虽然与古代交通、通信不便，科技落后和古人的出行观念等因素有关，但和野外生存条件恶劣也不无关系。尤其是战乱年代，兵匪祸乱，猛兽侵扰，在外能不能保住性命都是一个问题。

如今，我们生活在物质充裕的和平年代，家庭温馨，社会和谐，加之通信、交通发达，人们不用再为出行而无奈、伤感了。于是，人们开始羡慕起那些能够在野外露营、露宿星辰之下的自由与惬意了。

比野炊更具有野性的，就是野营了。

野营，顾名思义，是在野外扎营度过一个或者多个夜晚，原是军事或体育训练的特殊项目，用以锻炼成员的体魄和意志，现在已是人们休闲的一种方式。野营通常和其他活动联系在一起，如徒步、钓鱼或者游泳等。野营不仅锻炼一个人的动手能力、协调能力、自理能力和协作能力，更能磨炼一个人的意志。

野营在国外早已"飞入寻常百姓家"了。在国内，它作为一种前卫的户外旅游方式，现在也被越来越多的年轻人所接受。随着人们对都市生活的逐渐厌倦，加之交通、通信方式的极大改善，越来越多的人利用休闲时间以"驴友"的名义聚集起来一起野营。

野营的形式多样，种类丰富。根据装备野营可分为常规野营、拖车野营和特殊野营几种。下面，我们着重介绍常规野营。

基本常识

（一）装备的选配

1. 服装。户外运动时服装要以长衣长裤为主，且衣裤上的口袋要多一些，鞋子大小要合适、耐磨，帽子颜色要鲜艳。

2. 求生工具。主要包括以下用具：

帐篷：选择结构稳定、重量轻、抗风和防雨性能较强的双层帐篷为佳。

睡袋：羽绒或鹅绒睡袋轻便，保暖效果好，但前提是必须保持干燥，环境条件比较潮湿时，人造真空绵睡袋可能是更好的选择。

背包：背包构架应符合自己的身体结构，并有舒适的背负系统（如肩带、腰带、背板）。

生火用具：打火机、火柴、蜡烛。其中蜡烛既可用作光源，又是极好的助燃剂。

照明用具：营灯、头灯、手电筒。

野炊用具：水壶、多功能野炊锅、锋利的多功能折刀、餐具。

专用工具：指南针、地图、绳索、折叠锹、针线、砍刀、放大镜、望远镜等。

娱乐工具：鱼钩鱼线、扑克、平板电脑、智能手机、照相机等。

水和食品：肉类、糖类、脂类、盐、水果、干果、瓶装水。

救生箱：内备解毒剂、消毒粉、感冒药、腹泻药、云南白药、镇痛药、纱布、胶带、绷带。

（二）营地的选择

营地应选在干燥、平坦、视线辽阔、上下都有通路、能避风排水且取水方便的地方，切忌选在峡谷中央、近水之处、悬崖之脚、高凸之地、独树之下、草丛之中。

（三）扎帐篷选点

1. 近水：安营扎寨应选择靠近水源地，如靠近溪流、湖潭、河边，但不能将营地扎在河滩上或是溪流边，尤其在雨季及山洪多发地区。

2. 背风：应选择一背风处安营扎寨，帐篷门也应背风。用火更要注意背风。

3. 远崖：不能将营地扎在悬崖下面，以防有落石。

4. 近村：营地要靠近村庄，以防意外。近村也是近路，方便队伍的行动、转移。

5. 背阴：如果需要在营地待两天以上，晴好天气时宜选择背阴的地方搭建帐篷，如在大树下面及山的北面。最好是迎朝阳，而不是迎夕阳，以免白天帐篷里太过闷热。

6. 防兽：不要建在多蛇、多鼠地带，以防伤人或损坏装备设施。在营地周围撒些草木灰，可防止蛇、蝎、毒虫的侵扰。

7. 防雷：在雨季或多雷电地区，营地绝不能扎在高地上、树木下或比较孤立的平地上。

（四）帐篷的搭建

现在常见的帐篷是普通旅游帐篷，这类帐篷携带方便、操作简单，深受大众喜爱。普通旅游帐篷多是自支撑型帐篷，不需要额外的桩或者栓支撑就可以自行支立。你还可以轻易地把这样的帐篷抬起并移动。

（五）野菜的鉴别

1. 取嫩叶少许，品尝是否有苦涩、辛辣及其他怪味，若有，立即吐出，不能食用。

2. 用开水泡5～6小时或煮熟，再尝是否有异味。

3. 向煮后的汤里加入浓茶，若有大量沉淀，说明含有重金属，不能食用。

4. 煮后有大量泡沫的，说明含有皂甙类物质，不能食用。

5. 一般情况，牲畜能吃的，人也能吃。

在无任何器具鉴别时，可先吃一小点，8～12小时后，如无头痛、恶心、头昏、腹泻、腹痛等症状，方可食用。

如果出现食物中毒，应先催吐（抠喉咙）、导泻、洗胃，再用生牛奶、生鸡蛋清、大蒜脂等解毒，并及时就医。

生存知识

野外生存知识包括：野外定向、迷途处理，安全用火用电，寻找水源，防虫防蛇，野外求救等。

（一）辨别方向

辨别方向是一项基本的野外生存技能，可以利用指南针、植物、日影等工具。如果在野外迷路了，人一定要冷静，保证思维和行动不混乱，确保自身安全。

利用植物来辨别，植物有向光性，朝南的枝叶会相对茂密一些。独立的大树通常南面枝叶茂盛，树皮光滑；北面树枝稀疏，树皮粗糙。在我国北方的草原上，生长着一种叫野莴苣的小草，它的叶子大致按南北方向排列，好像磁针似的指着南北。

还可用木棒成影法来辨别，在太阳足以成影的时候，在空旷的平地上竖一根直棍（1米以上），在木棍影子的顶端放一块石头（或作其他标记），木棍的影子会随着太阳的移动而移动。30～60分钟后，再次在木棍影子的顶端放另一块石头。然后在两个石头之间画一条直线，在这条线的中间画一条与之垂直相交的直线。然后左脚踩在第一个标记点上，右脚踩在第二个标记点上。这时站立者的正面即是正北方，背面为正南方，右手是东方，左手为西方。

在夜间，可以利用北极星来辨明方向，面向北极星的方向即是正北方向。

（二）防火照明

野营时切忌在帐篷内点蜡烛，烟头、烟蒂不能往干柴上丢，不随意引燃篝火。可以适当备好水桶、沙桶以防明火。帐内的照明最好使用手电筒或营灯。

野营时既要防火，还得会取火。可以利用放大镜（凸面镜）聚焦太阳光来取火，还有老祖宗常用的钻木取火。不过最好的办法是带好防水火柴或打火机。

（三）寻找水源

在野外可以到河流上游找水，也可到山脚下植物茂盛的地方找水，或者在峡谷底和斜坡下寻找泉水，还可跟踪动物足迹找到水（大多数昆虫会在水源半径90 m的范围内飞行）。如果暂时找不到水源，可以试着找找含水植物，如仙人掌等，或者用塑料袋套住植物的叶子，利用植物的蒸腾作用收集水。夜间还可撑起雨篷收集露水（森林里野营比较适合用这一方法）。

在野外不光要会找水源，还要会净化找到的水，因为野外水源不一定干净。可以事先准备一点明矾或净水药片，加入到要饮用的水中，摇晃均匀，沉淀半小时后方可饮用。也可向竹筒里从下至上依次装入木炭、土、沙、石子，做成一个简易的净水装置，来净化用水。

（四）生命安全

警钟长鸣，防患于未然。什么时候都要记住，生命安全高于一切，切不可对可能发生的意外灾害或意外伤害掉以轻心。

1. 防雷击。在野外遇到突发的雷雨天气，要快速跑向低地，离开高树或密叶林。在河中游泳，遇到雷雨天气，要立即上岸。人多时，要尽量分散开，及时除去身上的金属物件，如手表、戒指、项链等。如果附近有小屋要进去躲，但不能靠墙、靠窗站；如果是驾车来的，可以躲到车厢里；如果身处空旷地带，应该马上蹲在地上，不要用手撑地。不要在山洞口、大石下或悬岩下躲避雷雨。

2. 躲山洪。扎营时应考虑山洪的流向；要关注上游及周边天气，以防山洪、泥石流等次生灾害。沙滩冲积地在晴好天气是营地的不错选择，但雨天切不可多作逗留。

3. 防溺水。尽量不要到水深处游玩，切不可单独玩水。下水的装备要带全，一定要带泳镜。在游泳过程中如遇抽筋，要保持冷静，切忌慌乱，尽量使自己仰漂。如发现有人溺水，要及时呼救。

4. 防毒虫。

（1）防蚊虫：外出时穿长衣长裤，涂防蚊药水；不要在潮湿处多作逗留；用艾叶、青蒿、柏叶等熏走蚊虫。

（2）防毒蛇：外出时穿长衣长裤；通过草丛时，先打草惊蛇；若发现迎面来蛇，不要掉头就跑，可先向它扔一攻击目标然后再逃；出发前备好蛇药、抗毒血清等急救药品。

（3）防蚂蟥：野外丛林中蚂蟥极多，这种动物虽不传染疾病也不立即使人致命，但它吸血多，使人的体力衰弱，并且叮咬处往往流血不止，容易发生感染。在丛林中行走要穿长衣长裤，并将裤脚扎紧，撒上点风油精，在腿上、手上涂一些万金油等刺激性的药物。若发现有蚂蟥叮在身上，千万别用手去把它拨下来，可用食盐撒在其吸盘处，或用烟头烫它的身体，使其自动脱落。

(4) 防毒蜂：野外遇到蜂群，不要去打扰、惊吓它们。如被蜂群攻击，最好把头部用衣服包住，低身大步迅速离开，绝对不能卧倒或在现场停留。

(五) 学会求救

如果遇到危险情况，要及时拨打求助电话。如果手机等通信设备没有信号，可以点燃树枝，生成浓烟，来吸引外界的注意；或者用手电筒发出三长三短，不断循环的国际通用“SOS”求救信号。

(六) 保护生态

保护生态环境，不要随意猎杀、捕捉野生动物；不可在营地留下生活垃圾，纸类垃圾可以焚烧后就地掩埋，塑料瓶、易拉罐等要装入垃圾袋带走。

野营故事

《老山界》节选

陆定一

半夜里，忽然醒来，才觉得寒气逼人，刺入肌骨，浑身打着战。把毯子卷得更紧些，把身子蜷起来，还是睡不着。天上闪烁的星星好像黑色幕上缀着的宝石，它跟我们这样地接近哪！黑的山峰像巨人一样矗立在面前。四围的山把这山谷包围得像一口井。上边和下边有几堆火没有熄；冻醒了的同志们围着火堆小声地谈着话。除此以外，就是寂静。耳朵里有不可捉摸的声响，极远的又是极近的，极洪大的又是极细切的，像春蚕在咀嚼桑叶，像野马在平原上奔驰，像山泉在呜咽，像波涛在澎湃。不知什么时候又睡着了。

注：文章描写的是中央红军长征路上，翻越的第一座高山。选段着力描摹半夜里在半山腰野营的条件异常艰苦，表现了红军将士们的革命乐观主义精神。

游击队歌

游击队歌是贺绿汀先生1937年创作的一首抗日救亡歌曲。曲调轻快、流畅、生动、活泼，以富于弹性的小军鼓般的节奏贯穿全曲，既给曲调以进行感，又表达了游击战士们巧妙、灵活地与敌人周旋，伺机消灭敌人的典型形象。20世纪90年代初，这首《游击队歌》毫无争议地入选“20世纪华人音乐经典”。

第八章　快乐垂钓

春秋两季，你常能看到一群群垂钓爱好者，头戴遮阳帽，带着钓竿、风油精、鱼饵、干粮、瓶装水和折叠式小板凳，或搭乘公交车，或骑自行车，或步行，开开心心，笑逐颜开地直奔鱼塘（场）。在河堰边、石桥边，时不时地能见到这些垂钓爱好者的身影，他们披星戴月，冒着酷暑守候一整天。有时候鱼儿忒馋，大家忙得不亦乐乎，满载而归，便商量着在家里做一桌鱼宴；有时候图个方便，干脆在馆子里，让老板收拾收拾，再叫上三五鱼友小酌几杯，喝得红光满面；有时候，鱼钩半天不见动静，他们也不着急，即使鱼篮空空如也，也是兴高采烈。

当你漫步在微波荡漾的水边，或柳丝垂岸的小河旁，常常会看到垂钓者或蹲或坐，或立或靠，其美、乐、静、慢，就是垂钓的乐趣。他们，乐在其中。

垂钓趣味

男孩子好动，常常被大人们或邻居嬉骂："生下来没捆好，手脚乱动。"其实，这正是男生雄风的预演和展示。然而，要想有所成就，"非淡泊无以明志，非宁静无以致远"。学会静如处子，方有文质彬彬、风度翩翩的绅士风度；学会静心，方能沉下心来，潜心于学习。而女孩子相对文静一些，能静下心来学习，所以在小学阶段，女孩子的成绩往往较男孩子的成绩好一些，原因就在于此。

垂钓，紧张、精彩、刺激，正是男生的最爱。同时，它还可以磨炼我们的心性，让我们学会等待，学会静思，我们又何乐而不为呢？

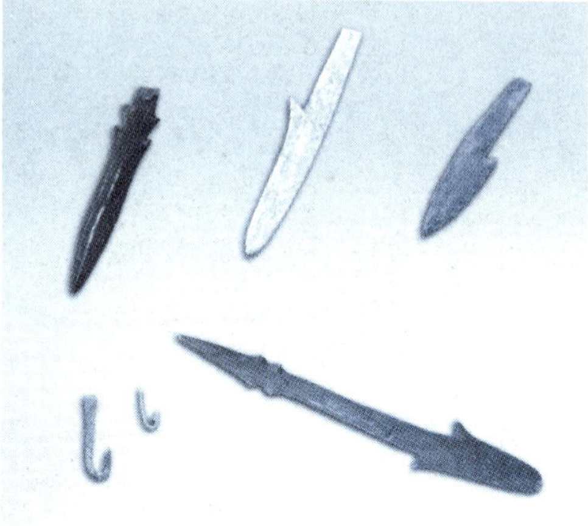

西安半坡遗址出土的骨制鱼镖、鱼钩

垂钓史话

早在旧石器时代，人们已经开始了垂钓活动。陕西西安半坡出土的骨质鱼钩，距今大约六千年，是我国目前发现得最早的垂钓文物。新石器遗址则发现了更多的骨质鱼钩。这时的鱼钩主要分为倒刺式与无倒刺式两种。可见，当时钓鱼不仅常见，而且垂钓水平也有了很大的进步。不过，那时垂钓还主要是谋生的一种手段，大多是为了填饱肚子。到了先秦两汉时期，垂钓的休闲娱乐性得到了人们的认可，钓鱼技术也有了长足的发展。西汉时期，淮南王刘安所著的《淮南子》一书中，已经有了利用谷壳浸水加热后拌以昆虫油脂等配料，再经发酵而制成的诱饵，类似于今天的“撒饵作窝”；东汉王充《论衡》则记载了利用鱼类色感灵敏的特性研制的涂有红漆的木鱼模型，以招引鱼类摄食的诱鱼新技术，类似于今天的“模拟饵”。唐人则发明了轮竿，当时称之为“钓车”的新技术，同时鱼钩、钓竿、钓线、鱼漂等钓具也日臻完备。

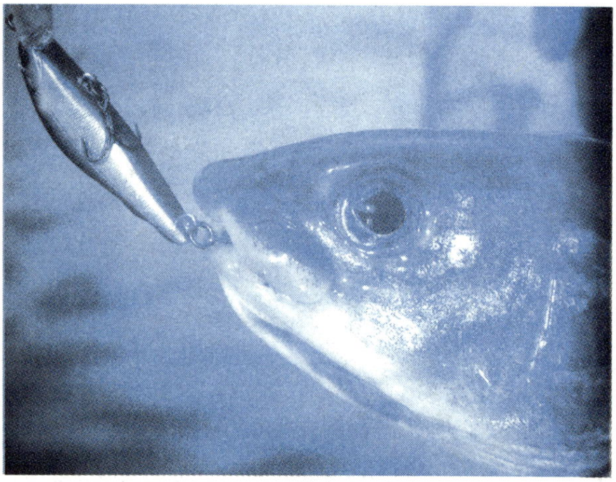

模拟饵

由于垂钓的怡人情调，历代文人骚客，操竿于江河之滨，寄情于湖海之畔，留下了许多动人的传说和精美的诗篇。姜太公钓鱼、严子陵垂钓七里滩的故事大家耳熟能详，除此之外，屈原、李白、杜甫、柳宗元、张志和、司空曙、邵雍、陆游、郑板桥也都留下了不少精美的垂钓诗。

垂钓要领

（一）春季钓鱼要领

1. 选择小水面。池塘等小水面，地处市内，或近郊，或比邻村庄，周围多有建筑物遮风。这些地方水体较浅，白天吸收阳光的热量多升温快，鱼类生理机能恢复早，比较活跃，而且水面小，也利于手竿的发挥。

2. 选择好天气。垂钓前要看当天的温差大小和风力大小。如果一天中温差超过10℃以上，垂钓效果不会太好。3级以上的风，不方便抛竿，也不便于观察鱼漂，而且还会使距水面2米以内的水体降温，从而影响鱼类的活动及食欲，不利于垂钓。最好选择温和无风，或有微风拂面的晴好天气进行垂钓。

3. 选择好时段。初春时节乍暖还寒，一天中温差较大，最好选择9:00—17:00这一时段。天气转暖后可略微延长。

4. 选择好钓位。钓位的选择要靠经验的积累，合适的钓鱼位置，关系到垂钓的成败。春季钓点的选择要结合当天的天气、所在水域的自然条件，还要熟悉对象鱼类的生活习性。春季出来活动、觅食的鱼类多为鲫鱼、鲤鱼，它们大多喜温，所以要选择向阳的水域。

（二）夏季钓鱼要领

1. 天时。出钓当天的气温最好低于30℃，阴天伴有小雨最好，或者是在暴雨之后。在这些天气出钓，气温低，水中的溶氧高，鱼儿活跃，食欲旺盛。

2. 地利。夏季深水处、活水处、树荫处、入水口等地方，水温较低，水中溶氧量高，鱼儿多聚集在这些地方休息、进食。

3. 钓时。夏季早9点以前，晚17点以后，气温较低，是鱼儿活跃时期，也是垂钓的黄金时间。夏天夜间天气凉爽，水温也较低，且水边寂静，也有利于鱼儿上钩。

4. 对象。鲫鱼、鲤鱼不喜欢高温天气；草鱼、鲢鱼、鳙鱼、鲂鱼则进入一年的旺食期。出去垂钓，不妨多做些准备，早晚钓鲫鲤，午时钓草鲢，不至浪费时间。

（三）秋季钓鱼要领

1. 两个时节。“金秋时节小阳春，秋高气爽好钓鱼。”初秋沿用夏钓的“宁钓早晚一刻，不钓中午半日”的垂钓方法，抓住早、晚及阴雨天出钓，选择近岸的浅水处抛竿下钓。进入仲秋，有“白露鱼来神，秋分鱼舒展”之谚语，钓位一般选择在深水区、阴暗处、水草多及活水口处。

2. 选准钓点。选择阴、潭、尖、边、风。具体而言，“阴”是阴坡和遮阳的地方；“潭”指深水区；“尖”是岸的锋尖处；“边”即岸边的浅水区；“风”意思是秋季鱼儿喜欢北风，正北风、西北风最好。

3. 鱼饵要香甜、鲜活。秋钓的钓饵以红薯粒、玉米粒、糟食、啤酒糟中未烂的小麦和玉米粒、蚯蚓、小虾、螺蛳肉、蝇蛆、蚱蜢、蟋蟀、蟑螂为主。

4. 选好钓法。鱼类属于变温动物，随着气温、水温的变化而变化。初秋、中秋、深秋的气温、水温不同，钓法也不一样。如钓鲫鱼，初秋、中秋宜钓早晚两头，钓边、钓底；闷热天气，浮钓、半浮钓。深秋则以逗引法为佳，拖拉饵钩要勤，幅度要小。钓草鱼，早晚以浮钓为主；中午、下午以半浮钓、钓底为好。

（四）冬季钓鱼要领

1. 钓时。冬季垂钓要寒中取暖，选择温差在5℃左右的阴暖天出钓，上午9点至下午16点为宜。

2. 饵窝。头天黄昏打窝子，延长诱鱼时间，靠慢工引鱼。

冬季垂钓

培养品质

在垂钓活动中领略自然风光，培养高尚情趣，是钓鱼的最大乐趣。钓鱼活动，特别是酷夏钓鱼，对意志品质也是一种历练。同时，钓鱼要有耐心、细心与信心。作为一项技术活，钓鱼也需要勤观察、多思考，对培养细致的观察力、缜密的思考力都是有好处的。

注意事项

外出垂钓，多带水和食物，天热要防止带的食物腐败变质；带好遮阳伞、遮阳帽，穿长衣长裤，防止阳光灼伤；不熟悉的水域，尽量避免下水；夏季中午温度较高，尽量不要在户外垂钓，以防中暑；晚上垂钓要带好照明设备，并准备驱虫、防蚊药品，同时要注意安全。

名人故事

垂钓名句

唐代诗人李白在《行路难》中写道："闲来垂钓碧溪上，忽复乘舟梦日边。"表现了诗人渴望为朝廷效力的壮怀。

杜甫在《江村》中写道："老妻画纸作棋局，稚子敲针作钓钩。"淡淡数笔，生动地再现了唐代一个小渔村的生活情景。

柳宗元在《江雪》中写道："千山鸟飞绝，万径人踪灭。孤舟蓑笠翁，独钓寒江雪。"写出了诗人遗世独立的高洁情操。

张志和是人所共知的钓鱼里手，他隐居垂钓江湖，写过《渔歌子》五首，其中一首云："青箬笠，绿蓑衣，斜风细雨不须归。"道出了钓鱼的乐趣，让人流连忘返。

北宋文学家苏轼也酷爱钓鱼，他在诗中写道："湖上移鱼子，初生人不畏。自从识钓饵，欲见更无烟。"写出了他悠然自得的垂钓情趣。

南宋诗人陆游晚年回到故乡绍兴鉴湖边，"闲时钓秋水"。他在《鹊桥仙》中写道："一竿风月，一蓑烟雨，家在钓台西住……时人错把比严光，我自是无名渔父。"

清代书画家郑板桥在《道情》里盛颂钓翁的闲逸生活："老渔翁一钓竿，靠山崖，傍水湾，扁舟往来无牵绊。"

还是唐代诗人岑参的《渔父》说得好："扁舟沧浪叟，心与沧浪清。"渔父泛舟于清波间，他钓的是清心寡欲，心境像水一样恬静的高尚情趣，而不是鱼！

孟浩然"钓"张丞相

初唐盛世，国家沿用隋朝创立的科举取士制度，延揽人才。但汉魏以来的察举制、征辟制和九品中正制这些他荐制仍然大有市场。加之古代文人素有恭逢盛世当积极出世的传统，孟浩然两次进京求仕，都无果而返。仕途失意，遂归隐乡里。因有机会结识了丞相张九龄，便又生求取功名之心，于是写下干谒诗——《望洞庭湖赠张丞相》来推荐自己，其诗云："八月湖水平，涵虚混太清。气蒸云梦泽，波撼岳阳城。欲济无舟楫，端居耻圣明。坐观垂钓者，徒有羡鱼情。”并托付张丞相呈送朝廷，希望得到皇帝的赏识。

姜太公“钓”文王

传说商纣暴虐，周文王决心推翻暴政。太公姜子牙受师傅之命，下界帮助文王。但姜子牙觉得自己半百之龄，又和文王没有交情，很难获得文王赏识。于是在文王回都途中，在渭水河畔，用没有鱼饵的直钩钓鱼。鱼钩是弯的，但是姜子牙却用直钩，不用鱼饵，竟然钓到了很多鱼。文王得知后，觉得这是个奇人，于是主动跟他交谈，果然发现姜子牙满腹经纶，便招入帐下。后来姜子牙帮助文王和他的儿子武王推翻商纣统治，建立了周朝。

第九章 射箭打靶

“日落西山红霞飞/战士打靶把营归把营归/胸前红花映彩霞/愉快的歌声满天飞/mi sol la mi sol / la sol mi do re /愉快的歌声满天飞/歌声飞到北京去/毛主席听了心欢喜/夸咱们歌儿唱的好/夸咱们枪法数第一……”看到这歌词，你的心中是不是也激荡起参加打靶射箭这些活动的想法，正跃跃欲试？

射箭打靶这些刺激性的活动，是多数男生的最爱。射箭打靶不光可以锻炼我们敏锐的目光、敏捷的身手、矫健的步法，还能增强我们肢体的灵活性和协调性，锻炼我们的心理素质，让我们的心智更成熟、思维更精准、情绪更稳定。

射箭是冷兵器时代打猎和战争的必备技能，因此古人特别注重射箭能力的训练，将之归于“六艺”之中，称其不仅是培养武艺，更是培养人气质的有效训练。而打靶，是热兵器时代的延续。荀子说：“君子生非异也，善假于物也。”打靶射箭所体现的，恰恰是“假于物”的水平和智慧。对射箭打靶的喜爱，会让我们结下“器缘”。

“女生爱花，男生爱炮。”男生的好动与对器物的喜爱，都会远远超过女生。作为男生，每个人都希望自己智勇双全，膂力过人，心性沉稳，堪当大任，射箭打靶能帮助男生极大地提升这种综合能力。选取一种自己觉得适合的器物，并坚持练习，你一定可以达到上面的这些目标。

射 箭

早在公元前5000年，古埃及人就学会了使用弓箭。现代射箭运动最早出现在英国，1673年，约克郡举行了首届“方斯科顿银箭赛”，一直延续至今。1787年，英国成立皇家射箭协会，这是世界上第一个射箭组织。1844年，英国举办第一届全英射箭锦标赛。1861年，英国射箭协会成立，统一了竞赛规程。1931年，以英国和法国为主，成立了国际射箭联合会，同年在波兰的里沃夫举行了第一届世界射箭锦标赛。

射箭运动在中国有着悠久的历史。考古发现，早在旧石器时代晚期就发明了弓箭。在1949年以前，射箭仅是一种武术项目中的表演。1956年，射箭才被正式列为比赛项目。1959年开始按照国际规则举办比赛。1961年，上海运动员赵素霞首次打破世界纪录，到现在我国运动员共破世界纪录46次。

基本规则

（一）比赛方法

射箭，是用弓把箭射出并射中预定目标，打在靶上的一种运动项目。射箭运动员准备发射时，用执弓手握住弓，并伸直执弓臂，再用拉弦手向后拉弓弦，直到满弓点，注视瞄准后撒放。射箭比赛的胜负是以运动员射中箭靶目标的环数计算的，命中靶的箭越靠近中心，所得环数越高。

（二）得分种类

射箭比赛的环数也称分数，报环就是报分。确认淘汰赛和决赛的环值时，裁判员按降序报分，记分员和运动员代理核实记分表上的成绩。射中最外面的白色环区得1分，依次往里数环区，得分为2、3、4、5、6、7、8、9分，直到射中内黄心得10分。如果某一箭命中位置触及两个颜色的环区或箭杆触及环线时，记高分；如果某一箭正好射在靶面上某一箭的箭尾上，则按已中靶箭的环值得分；如果某一箭射穿了靶面，或者射中靶面后反弹落地，根据该箭在靶面上留下的中靶点或未标箭孔记分；无论是否射中箭靶，箭在越过3米线以外就被记分，如果箭不慎落地，但箭杆的一部分落在3米线以内，裁判员判该箭为未射出，运动员可补射一箭。

（三）比赛方式

奥运会中的射箭比赛采用单淘汰赛赛制，比赛时间为6天。比赛分个人赛和团体赛两种：个人赛分为排名赛、淘汰赛和决赛三个阶段；团体赛分为淘汰赛和决赛两个阶段。无论是个人赛还是团体赛，射程均为70米。

个人赛首先进行排名赛，每人射6组，每组6支，休息10～15分钟之后，按照上述程序再射一遍，共72支箭，并以这72支箭的累积环数排出选手的名次。然后按照淘汰赛配对表进行配对，如第1名对第64名，第2名对第63名，依此类推，进行淘汰赛。淘汰赛每名运动员射12支箭，分4组进行，每组3支箭，每箭30秒，采用一对一交替发射的方式，胜者进入下一阶段比赛，最后决出8名运动员进入决赛。决赛时运动员的发箭方法、箭数和淘汰赛相同，最后决出冠、亚军。

团体赛每队3名运动员，根据个人排名赛中每队3名运动员的成绩之和排出男、女团体第1～16名的队进入团体淘汰赛。每队共射24支箭，分4组。每组6支箭，每人射2支，限时2分钟。先发射的队射3支箭后（每名运动员轮流各射1支箭），计时钟暂停并保留剩余时间，同时，另一个队的计时钟启动，按同样方法射3支箭。然后，先发射的队在剩余的时间里再完成3支箭，接着后发射的队按同样方法完成这组箭的发射。获胜队进入下一阶段比赛，最后决出冠、亚军。

（四）犯规处罚

射箭比赛，犯规的主要处罚包括口头警告、黄牌警告、红牌警告及相应的扣环、取消比赛成绩等等。口头警告为轻微犯规，黄牌警告也属轻微犯规，红牌警告为严重犯规。团体比赛时，当运动员无视黄牌警告，继续发射，裁判员出示红牌，并扣除该队在本组环数最高环值的得分。除此以外，运动员使用不符合国际箭联规定的器材、弄虚作假、服用兴奋剂等，都要受到取消比赛成绩的处罚。

培养品质

射箭运动是锻炼身体和意志的一种有效手段，既能增强臂、腰、腿部的力量，还可锻炼胸部、背部肌肉，提高注意力，增强体质。经常参加射箭活动，可以促进机体的新陈代谢，改善骨骼的血液供应，使骨骼变得更加粗壮、坚固，同时提高了骨骼抗阻和支撑的能力，使骨骼结构和性能得到增强。经常参加射箭活动，还可以使大脑皮层的兴奋和抑制过程更加集中，增强神经系统的功能，对于工作和学习都能起到积极的作用。射箭运动是一项体育竞技项目，也可以考验人们的意志力，培养人的果断、顽强、勇于克服困难的品质。

射箭，从射手举弓到最后将箭射出所用的时间只有几秒或者十几秒，经常从事射箭运动可提高射手的动作速度和反应速度。射箭比赛持续时间长，动作重复次数多，经常进行射箭训练，可以提高力量耐力、速度耐力、呼吸耐力等。

注意事项

1. 在运动场馆练习时，要选择适合自己的弓箭器材，服从场馆工作人员及裁判和教练的指示，以免发生意外及运动伤害。

2. 禁止手中握箭，跑步、追逐或嬉闹。

3. 除非站在起射线上，射手不管搭箭与否，都不可以举弓或拉弓。

4. 绝对不能向空中射箭，也不可将箭头、箭杆指向他人。

5. 发射时应射向自己的靶面或标的，禁止跨道射向他人靶面。

6. 在技术和动作没有稳定前，不要勉强射远距离。

名人故事

养由基百步穿杨

春秋战国时期，楚国有位著名的射箭手，名叫养由基。他年轻时就勇力过人，练就了一手好箭法。国内有一位名叫潘虎的勇士，也擅长射箭。有一天，两人比试射箭，许多人都围着观看。靶子设在五十步外。潘虎拉开强弓，一连三箭都正中红心，博得围观的人一片喝彩。潘虎扬扬得意，向养由基拱拱手。养由基环视一下四周，说："射五十步外的红心，目标太近、太大了，还是射百步外的柳叶吧！"他指着百步外的一棵杨柳树，叫人在树上选一片叶子，涂上红色作为靶子。接着，他拉开弓，"嗖"的一声射去，结果箭正好贯穿在这片杨柳叶的中心。在场的人都惊呆了，潘虎自知没有这样高明的本领，但又不相信养由基箭箭都能射穿柳叶，便走到那棵杨柳树下，选了三片杨柳叶，在上面用颜色编上号，请养由基按编号次序再射。养由基走近几步，看清了编号，然后退到百步之外，拉开弓，"嗖""嗖""嗖"三箭，分别射中三片编了号的杨柳叶。这一来，喝彩声雷动，潘虎也口服心服。

打靶

使用枪支对各种预先设置的目标靶纸进行射击，就是我们常常听到的打靶。打靶是一种很好的射击训练。作为一项竞技项目，打靶射击竞赛项目繁多，包括使用各种规格的步枪、手枪和猎枪对固定的、移动的、隐现的以及飞行的各种目标进行精确射击和快速射击。

射击作为世界比赛项目，始于1896年的第一届奥运会。自1897年起，每年举行一次世界射击锦标赛。1907年，各国射击协会国际联合会成立；1921年，更名为国际射击联盟。1931年，世界射击锦标赛改为每两年举行一次；1954年，又改为每四年举行一次。

早期世界性比赛多用军用枪支，1897年第一届世界射击锦标赛只使用一种枪支进行5个项目的比赛，到1978年第42届世界射击锦标赛，使用的枪支种类增至12种，项目有52个，参赛人数多达1200人。

打靶射击竞赛项目按其使用的枪支和射击方法的不同，可分为4种类型：步枪项目、手枪项目、移动靶项目和飞碟项目。每种类型按枪支规格、射击姿势、射击距离、射击方法和目标种类的不同，又分为更多的项目。目前国际射击联盟公布承认世界纪录的男子射击项目共42项，女子14项。但规定只有在世界赛、奥运会及洲际比赛中创造的世界纪录才能被承认。

射击竞赛分个人赛和团体赛，每个项目团体赛的人数，男子为4人，女子为3人。团体赛的名次是以个人成绩相加的总和来评定。国际射击联盟规定世界射击锦标赛的项目有男女个人和团体共52项。洲际射击锦标赛的项目与世界锦标赛大体相同。亚洲射击锦标赛目前不设大口径步枪和移动靶项目。

基本规则

（一）靶纸规格

靶纸最小可见尺寸为170 mm×170 mm。10环的直径为11.5±0.1 mm，9环的直径为27.5±0.2 mm，8环的直径为43.5±0.2 mm。7～10环区为黑色，直径为59.5±0.5 mm，环线粗0.1～0.2 mm。1～8环的环值呈“+”字形标记在各环区内，9环和10环区不标记环值。

（二）男子手枪

1. 男子50 m手枪慢射：用小口径自选手枪对距离50 m的靶射击60发子弹，包括试射在内的总时限为2小时。

2. 男子25 m手枪速射：用小口径速射手枪对距离25 m的靶射击60发子弹，每组5发，按8秒、6秒、4秒的射击时间顺序先各射两组，共30发子弹，然后再按相同方法进行第二轮30发子弹的射击，在规定时间内射完。两组成绩相加之和为总成绩，以总成绩评定名次，满分600分。

靶　纸

3. 男子10 m气手枪：用4.5 mm口径气手枪对距离10 m的靶射击60发子弹，分6组，每组10发，包括试射在内的总时限为1小时45分。

（三）男子步枪

1. 男子50 m步枪：使用小口径步枪按卧、立、跪3种姿势的顺序向距离50 m的靶各射40发子弹，包括试射在内的总时限为3小时45分。

2. 男子50 m步枪卧射：用卧姿向距离50 m的靶射60发子弹，包括试射在内的总时限为1小时30分。

3. 男子10 m气步枪：用立姿向距离10 m的靶射60发子弹，包括试射在内的总时限为1小时45分。

（四）移动靶

用小口径步枪按立姿向距离50 m的移动靶射击。移动靶多为跑动的猪靶，故又称跑猪靶。早期移动靶安装在滑车上，靠人工带动后的惯性前移，现多为电子操纵。在后来的移动靶射击中，由原始跑猪靶逐渐改为和10 m气步枪相像的靶纸。

（五）飞碟

采用双筒猎枪，最初射击目标为活鸽，后用泥制物代替。现用沥青、石膏等材料混合压制而成的碟状物，故称“飞碟”。比赛时，抛靶机按固定方向抛靶，射手依次在不同位置射击，以击碎碟靶为命中，命中多者为胜。

培养品质

参加打靶射击活动不仅能学习射击技术，而且可以培养细致、沉着、冷静、坚毅的优良品质。打靶活动最重要的是不急不躁、充满自信，尤其是在面对陌生事物和特殊事情的时候，要保持一颗平静的心。

打靶活动还可以帮助我们练就物我两忘的境界，关键时刻不受任何外界因素的干扰，不受自己燥气浮心的影响；还可以强化目标概念，聚精会神、心无旁骛，锁定目标、放大目标，方能俘获目标。

注意事项

1. 选择安全的环境进行打靶活动。

2. 打靶前要先听讲解员讲解，明白要领后方可按正确的持枪方法持枪，枪口不得对准人。

3. 射击过程，一定要注意强化专业指导。要在专业人士的指导下，按照正确的方法打靶。

4. 在靶场中走动或射击时，一定要聚精会神，不可溜号、马虎、嬉戏、打闹。

5. 打靶射击完成后，立即将枪支交还指导人员，并由专人收好。

名人故事

传奇枪手王义夫

王义夫

1996年7月20日，亚特兰大，王义夫——这位出名的“快枪手”，射出每一发子弹几乎都是慎之又慎，多次举枪瞄准又放下重来，直到有把握才扣动扳机。他在比赛中领先了对手3.8环，就在人们认为他胜利在望时，他却突然眼前一片漆黑，只得凭着感觉打了最后不走运的一枪，随后晕倒在地。“6.5环”——王义夫丢掉了前面累积起来的巨大优势，最后以0.1环之差失去蝉联男子气手枪冠军的机会。时任国际奥委会副主度、执行委员的何振梁以及教练张恒很快走上去安慰他。王义夫脸色苍白，喃喃自语：“我没有打好，最后一枪我什么都看不见了。”几分钟后，他休克倒在场地上。

王义夫在去亚特兰大之前就由于病魔缠身一直处于疲惫虚弱的状态。出发去狼溪赛场前，还发着烧。在抵达亚特兰大时，他是被担架抬下飞机的。在奥运村中，他也是边训练边治疗。比赛前一天，他曾两次昏厥，当领队问他能不能参加比赛时，他坚定地说：“我死也要死在靶台上。”

王义夫，是中国射击史上的传奇人物。他17岁进入辽阳市业余体校学射击，1978年进入省队，1979年入选国家队。1984年洛杉矶奥运会上，他24岁，许海峰夺得中国第一枚奥运会金牌，他获得铜牌。1988年汉城（现名首尔）奥运会，他再度失意而归。1992年巴塞罗那奥运会，他终于获得男子10 m气手枪冠军。2004年雅典奥运会，王义夫再次拿下10 m气手枪金牌，站在领奖台上，已经44岁的王义夫仍然忍不住激动的泪水：“这是我第6次代表中国队参加奥运会，所以非常激动。”

王义夫性格外向，活泼开朗，组织能力强，在射击项目的运动员中并不多见。他的成绩稳定，老而弥坚，在他身上有很多本来是互相矛盾的特质却得到了很好的统一。如今的王义夫已经是国家射击队副领队、总教练兼运动员，他仍“战斗”在第一线，为祖国做出自己的贡献。

第十章 从游泳到潜水

一提到游泳，你可能马上会想到蛙泳、蝶泳、仰泳、自由泳以及花样游泳等异彩纷呈的竞技泳姿；或者你还会想到那是自己秀示肌肉、展现力量的好机会。没错，游泳既是一项锻炼全身的体育项目，更是一项磨炼意志的运动项目，尤其是冬泳，更是让人惊羡不已。

而一提到潜水，你可能马上会想到《水浒传》中的“浪里白条”张顺，或者小英雄雨来，甚至是神秘的蛙人……

既然你已经心动了，那就快快行动吧。请同学们耐心阅读下面的文字，或许你收获的不仅仅是游泳的本领，更是心性的洗礼。

游泳

作为一个男生，你肯定希望自己是勇敢者的化身，是肌肉发达、力量强大的护花使者。那么，游泳、潜水这两项体育活动，能让你变成四肢灵活、肌肉强健、孔武有力的“硬汉子”。

游泳史话

游泳，是在水上靠自身漂浮，借自身肢体和躯体的动作在水中运动前进的技能。游泳运动可分为竞技游泳和实用游泳，竞技游泳是奥林匹克运动会中的第二大项目，它包括蝶泳、仰泳、蛙泳和自由泳四种泳姿的竞速项目，以及花样游泳等。游泳亦是老少皆宜的休闲娱乐活动。

事实上，人类在史前文明时代已经会游泳了。俗话说“靠山吃山，靠水吃水”，居住在江河湖海一带的古人，为了生存的需要，必然要在水中捕捉鱼虾来填饱肚子。古人通过观察和模仿鱼类、青蛙等动物在水中游动的动作，逐渐学会了游泳。蛙泳、蝶泳（俗称海豚泳）、蛙式仰泳就是典型的模仿动物们的泳姿而发展起来的。古代，埃及、希腊、罗马都非常重视游泳技巧，并将之当作军事训练科目。

竞技游泳源于英国及澳大利亚，后来传入其他国家。1896年在雅典举行的第一届现代奥运会上，游泳即被列为正式比赛项目。1973年在贝尔格莱德举办了首届世界游泳锦标赛。最初的游泳竞赛并无泳姿的分类，大多为蛙泳。后来，仰泳、自由泳、蝶泳脱颖而出并被纳为正式比赛项目，于是在1964年的东京奥运会中便增加了四种泳姿的混合赛。另外，被称为“艺术游泳”的花样游泳，是集舞蹈、体操、游泳等项目于一体的竞技体育项目。它通过运动员在水面上配合音乐，展现出各种优美动作和艺术造型，有“水上芭蕾”的美誉。

从锻炼身体的角度出发，游泳能改善心血管系统，提高肺活量，加强皮肤血液循环，增强抵抗力，达到减肥、健美形体的效果，近年来已经成为深受广大人民群众喜爱的健身项目和娱乐项目。

男子花样游泳

技术要领

（一）游泳装备

1. 泳衣泳裤：男孩子通常穿着泳裤，女孩子通常穿着泳衣。男孩子可选沙滩泳裤，颜色可以鲜艳一些，这样能增添美感。所选游泳衣裤必须要合身。

2. 附属装备：初学者可戴游泳眼镜，一方面能预防眼病，另一方面还可解决在水中睁不开眼睛的问题。为了防止水进入耳朵，也可准备耳塞。此外，还可准备一个鼻夹，以防止鼻子进水。

3. 浮体物品：初学者应自备一些浮体物品，如救生圈（衣）、泡沫塑料、浮标、打水板、浮袖等。下水前要先检查救生圈（衣）有无漏气，以防意外。

4. 其他物品：如浴巾、拖鞋、洗漱用品等，游完泳冲个热水澡，既能舒缓筋骨，又能提神解乏。

（二）基本动作

夏天到了，什么样的方式最解暑呢？当然是游泳。游泳不仅能够解暑而且能够强身健体。初学者一定要先熟悉水性，做足准备工作，不要怕呛水。

1. 憋气、吐气。在浅水区训练憋气，每次憋到快憋不住时，慢慢将气吐出。同时训练在水下睁眼，初学时戴泳镜最好。

2. 水中站立。下水后心态要平和，初学时可拿一块浮板或游泳圈，脚蹬泳池壁，头埋水中，双臂前伸，身体绷直，向前滑行。想站立的话就马上收腿，身体抱团。由于人的腿部密度相对较大，身体自然垂直，此时，向下伸腿，即可踩到池底站立起来。

3. 滑行。滑行的姿态与水中站立一样，两手叠压，伸向头顶，用力蹬池壁。身体要拉直，头部埋在水中，向前滑行。此时，身体不做任何动作，滑行时间越长、距离越远越好。

4. 基本动作分解练习。从你喜爱的几种泳姿的基本动作入手，一个一个地做腿部动作，直到熟练为止。可先在岸上训练，然后下水。以蛙泳为例：手+腿+滑行→手+腿+滑行，每做完一组动作，身体即进入滑行状态。切忌连续做动作，而不做滑行，那样不仅游不远，而且还易疲劳。

5. 换气。腿部、手部动作熟练以后，即可开始练习换气。

等以上各项都熟练了，你也就能在水中畅游了。

（三）速成要领

1. 自然蜷缩潜于水中。初学者可深吸一口气，选择泳池浅水区，自然蜷缩，将头部也全部没入水中，可睁开眼睛看水下世界。

2. 双手撑地“打澎澎”——练习“悬浮”。在浅水区（刚刚没过手臂最宜），双手撑地，双脚不停地交替拍打水面。练习用双脚让自己悬浮。

3. 站于水中，双脚踩水——练习“控制姿态”。能悬浮于水中之后，初学者可以走到中间水区（水位到脖子位置），双手展开，双脚离地，之后不断地做踩水动作，让双手与双脚配合控制身体保持直立姿态。

4. 从蛙泳开始练习泳姿。学会了蛙泳，再练习其他复杂的泳姿。

当你掌握好以上要领时，你便不再是一位初学者，而可以称得上是“弄潮儿”了。

注意事项

1. 需有人陪伴。孩子必须在家长（监护人）的带领下去游泳。

2. 患病或感觉不适时不宜游泳。感冒、生病、身体不适或饭后、空腹、饮酒后均不宜游泳。

3. 剧烈运动后不能立即下水。参加强体力劳动或剧烈运动后，尤其是在满身大汗，浑身发热的情况下，不能立即跳进水中游泳。

4. 不良水况不宜游泳。被污染或水质不好的河流、水库，以及急流处、两条河流的交汇处、有落差的河流湖泊等，均不宜游泳；恶劣天气如雷雨、刮风、天气突变等，也不宜游泳。

5. 做足入水前的准备。先体验一下水温，如果过冷或者过热，尽量不要急于下水。下水前要先在岸上做准备活动，热身10～15分钟，活动关节以及各部位肌肉。可采用高抬腿、蹲下起立等四肢运动。

6. 预防潜在危险。不要跳水，避免腹部和睾丸直接受到水面的强烈打击；游泳时要注意保护眼睛、防止晒伤、注意退潮时间等；游泳后要用干净水把全身再冲洗一遍，以免传染疾病，并通过补充运动饮料、放松训练、调试呼吸、催眠暗示、心理调节、按摩恢复、水中漫游等手段恢复体力。

记住，千万不要去游“野泳”，保持对水适当的恐惧感。游泳前，备好护目镜和救生圈，做足入水前的准备，你会在水中游得开心，游得放心，游得舒心。

名人故事

毛泽东畅游长江

20世纪初，“救国强种”和“体育救国”的口号响彻全中国。从小酷爱游泳的毛泽东也深受鼓舞，在离开家乡外出求学时写下了“自信人生二百年，会当水击三千里”的豪言壮语。1925年他所写《沁园春·长沙》一词中也有“曾记否，到中流击水，浪遏飞舟？”的豪迈情怀。1956年5月31日，63岁的毛泽东第一次在武汉横渡长江，之后四天内，他又三次横渡长江，并挥毫写下了著名的诗词《水调歌头·游泳》：“才饮长沙水，又食武昌鱼，万里长江横渡，极目楚天舒。不管风吹浪打，胜似闲庭信步。”受到毛泽东畅游长江精神的鼓舞，同年6月，武汉举行了中华人民共和国成立后的首届横渡长江竞赛，游程5000米，当时就有1958人参赛。由此，“横渡长江”活动闻名于世。

10年后的7月16日，毛泽东以他73岁高龄再次畅游长江，这次他游了一小时零五分钟。7月16日被确定为“毛泽东畅游长江纪念日”，同时被定为全国游泳日，每到这一天，全国众多城市都会举行横渡江河或游泳活动。

菲尔普斯缔造泳坛神话

菲尔普斯生于美国马里兰州巴尔的摩郊外的一个小镇，自小就在池塘边上长大。他的两个姐姐均从事过游泳运动，特别是大姐差一点就入选1996年亚特兰大奥运会美国游泳队。由于姐姐的缘故，7岁时菲尔普斯便开始去俱乐部学游泳。9岁时，他的父母离异，姐弟三人均归母亲抚养。不久后，医生又告诉他的母亲，菲尔普斯患有注意缺陷障碍伴多动症，特征是活动中缺乏持久性，身体活动过度、控制不佳，同时伴有认知、运动或语言发育的延迟。后来，菲尔普斯的游泳教练发现菲尔普斯在游泳上的天赋，在妈妈和教练的说服下，菲尔普斯忍痛放弃了其他体育爱好，专攻游泳。11岁的菲尔普斯每天至少要游5个小时，枯燥单调的训练，潮湿压抑的空气，周而复始的动作和单一不变的场景，菲尔普斯以极大的毅力克服了所有困难。

菲尔普斯

2000年，15岁的菲尔普斯在悉尼奥运会上获得200米蝶泳第五名，崭露头角；2001年，菲尔普斯打破200米蝶泳世界纪录；2003年，在巴塞罗那世界游泳锦标赛上获得6块奖牌；2004年，在雅典奥运会上夺得男子200米、400米个人混合泳，100米、200米蝶泳等6枚金牌，以及200米自由泳和4×100米自由泳接力赛2枚铜牌；2008年，在北京奥运会上共获得8枚金牌；2012年，在伦敦奥运会上获得4枚金牌，同时宣布退役。2014年4月15日菲尔普斯宣布复出，并于

2015年4月18日获得美国游泳大奖赛梅萨站男子100米自由泳冠军；同年8月7日、8月10日，分别获得美国全锦赛男子200米蝶泳冠军和男子200米混合泳冠军；2016年8月14日，在里约奥运会男子4×100米混合泳接力赛决赛中，美国队以3分27秒95的成绩获得冠军，赛后菲尔普斯向观众致意，并正式宣告退役。

潜 水

上天入地是古代神话中对神仙、魔怪的想象。大家耳熟能详的孙悟空，一个筋斗云便是十万八千里，对于他来说，上天就如同探囊取物一般容易，然而下海，孙悟空也有些力不能及，即使念着避水诀，也不如八戒、沙僧利索。可见，在古人眼里，上天不易，入水更难。

同样的，和游泳相比，潜水则更具挑战性。它需要极大的勇气和毅力，需要克服对深水高压、缺氧、黑暗、危险的恐惧。作为初学者，潜水运动往往与游泳相伴，但主要还是在浅水区下潜。

当你徐徐下潜至清凉明澈的水中，阳光被水折射成无数个闪闪发光的星星，不停地闪烁、耀动；当五颜六色、千姿百态的海洋生物，亲昵地依偎在身边，你会感受到置身于一个浪漫、神奇的海洋世界；当成串的气泡，欢快地漂过耳际，你会惊奇地发现你正轻松地扇动脚蹼，自如地悬浮于水中，真心体会水中世界的奇妙、自在、开心。

同学们，你是否心动了呢？那就接着往下读吧。

潜水史话

“八仙过海，各显神通。”神游海底是人们由来已久的愿望。早在2800年前，就有军队用羊皮袋充气，由水中攻击敌军；距今1700年的中国史书《三国志·魏志》中就已经有海边渔夫在海里潜水捕鱼的场景的描述；1720年，英国

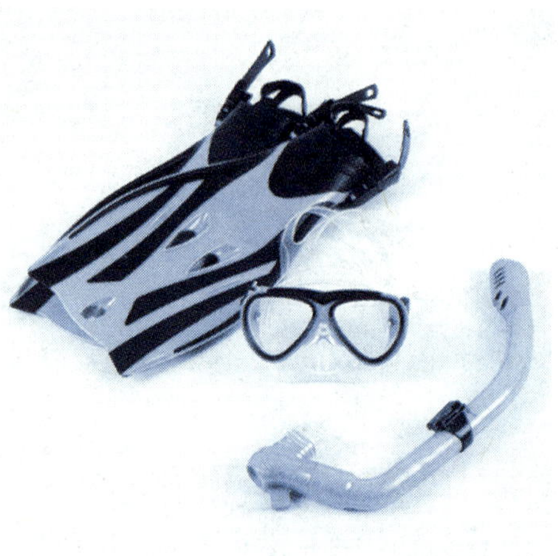
潜水装备

人利用一只定做的木桶潜到水下20米深的地方，成功地进行了海底打捞；1854年，头盔式潜水首次出现；1924年，玻璃潜水镜和面罩式潜水器开始使用，有人下潜至海底70米成功捞起了金块。二战期间，密闭循环式空气罩潜水器开始运用于海战，战后开放式空气潜水器风行欧美。

近年来，随着潜水器材的进步，走进水中世界不再是一个童话般的心愿，而是一份令人惊喜不已的浪漫，投身于潜水和喜欢潜水运动的人也越来越多。

技术要领

借助于潜水专用器械的深水潜水，需要专业指导，我们这里就不赘述了。我们重点与同学们交流一下不借助专业潜水设备的浮潜，即在浅水区潜水。

浮潜是比较简单的，只需利用面镜、呼吸管和脚蹼就可以漂浮在水面，然后通过面镜观看水下景观。

（一）潜水准备

入水前的准备工作非常重要！一定要亲自检查装备功能是否正常，然后同伴间再相互检查一遍。

（二）入水姿势

1. 正面坐姿入水：适合初学者使用。

2. 正面直立跳水：水深需在1.5米以上，双脚前后开立，一手按住面罩，一手按住空气筒背带。

3. 背向坐姿入水：面向里坐于船邦上，向后仰面入水。

4. 侧身入水：在橡皮艇上俯卧翻身入水。

后两种潜水多在海洋馆体验水下世界时使用，由专业人员指导，并全程陪护。潜降用浮力调节器，配合配重带，头上脚下地潜降。

（三）保持耳压平衡

1. 平衡耳压。潜水时可通过吞咽口水、打哈欠或左右摆动下颌来平衡耳压。下潜后，每隔几米即做一次，避免不适，不要等到感觉不舒服（或疼痛）时才做。如果经调整后耳压还不能保持平衡，可上浮少许，多试几次；如果努力之后，仍然无法平衡耳压，要坚决放弃潜水。

2. 正确排水。可以将头歪向耳朵进水的一侧，用力拉住耳垂，用同侧腿单足跳；也可以用手心对准耳道，把耳朵堵严压紧，左耳进水就把头歪向左边，然后迅速将手拿开。

（四）上升

上升时将速度控制在每分钟18米以内，不要超过自己呼出的气泡的上升速度；不要停止呼吸；上升时要抬头看水面，可伸出右手指定方向，并注意背后，身体缓缓自转。

培养品质

潜水，不仅因为水中的奇异世界让人目不暇接，流连忘返，更重要的是能提高并改善人的心肺功能，有利于我们的身心健康，还能健身、美容、瘦身。潜水能够锻炼人的心理素质，学会如何面对陌生环境，增强处理危机和突发情况的能力。潜水必须严格遵守潜伴制度，绝不能单独潜水，潜伴之间必须相互照顾和帮助，这有助于磨炼意志，培养团队精神。

注意事项

1. 潜水前要先检查潜水装备是否齐全、完整，不要使用耳塞，做好潜水前的准备工作。

2. 潜水过程中，切忌单独行动，要做好与潜水员、同伴之间的沟通。不要随便触摸你见到的水底生物。遇到突发情况切莫惊慌，要沉着应对。

3. 潜水结束后，要完全离水上岸，才可去掉脚蹼、面罩和呼吸管。

第十一章 背起行囊去远行

俗话说：好男儿志在四方。现如今，足不出户的宅男，故步自封的少爷，大门不出，二门不迈，整天窝在家里“颐养天年”！不要说你是家门顶梁柱，更莫提你要在这个社会上顶天立地！

立身先健身，立事先立人，立人先立德，在此基础上扬名立万，功成名就，无悔先人后世。

没有个好的身体，难求坚韧性格；缺少坚韧性格，什么事都是镜花水月，一场梦罢了。

古人周行天下，以求自广；激发志气，以厚文章。

先力行，后学文。就是要求我们先学做人，修身养性，身体力行。从小就要锻炼体魄，磨炼意志，培养高尚的品德……在此基础上，有余力，才开始学习文字知识、科学技术等。

也就是说，“学”是建立在“行”的基础上的。不过，我们现在，似乎从一开始就特别地注重“学”而忽略了“行”，是不是有点儿本末倒置？

从我们牙牙学语，就在识文字、背诗词、习算术，而很少接受强身健体、交友做人、修身养性等的教育。

我们之于古人，反其道而行之，结果怎么样呢？

中小学期间，成绩上男同学比不上女同学，操场上男孩子赶不上女孩子，生活上男生更是没女生勤快……因为对于现在的社会来说，对女孩的教育，虽然与男孩一样，一开始都从“学文”开始，但与男孩相比，相对注重品行与修养。也就是说，女孩在“学文”的同时，也注重了生活中的“力行”。而对男孩，在品德与生活方面就显得不足了。

所以，尤其是作为男孩子，要背起行囊，勇走四方，强身健体，以养气魄，以增精神，以广见闻。

活动方法

你不必跟着别人走什么夏令营，那有太多束缚，也有太多顾忌。和老师在一起的时候，说得最多就是“安全第一”，这已经让你很无奈了，你的个性，你的特性，也很难张扬出来；内心的自我，男子汉气概，也很难表达出来。

你也不必随旅行社拼花销，那有太多的利益气味儿，让你憋闷，让你气懑，让你感受不到自然的美丽与纯真，却时时处处体验到人文的粗鄙与庸俗。来去匆匆，浮光掠影，走马观花，你找不到属于你自己的那份沉着与宁静，你寻不着大自然中的那份安适与闲散。

背起行囊，或陪家人，净化亲情；或伴好友，志同道合；或走或停，或叹或咏……我想唱歌我就大声唱，还会有人真心为你鼓掌，不管你的嗓音是否真的很美。看你克服着那些也许是微不足道的困难，就会有人真心地为你开心，为你祝福。你的亲人，你的挚友就是你最好的陪伴……

准备工作

出行前备好结实、耐用的行囊，小挎包一两只，但是自己的背囊一定要自己背，不要总是依赖亲人或朋友。准备耐磨、合脚的鞋子一双，防挂刺的衣服一身，防晒帽一顶，防滑手套一副。此外，还可准备相机、手机等随身用品。

背囊内必备物品：常用衣物、食物、饮用水（水一定要带足，尤其是夏

季）、雨衣、手电筒、绳索、小刀、方便袋、打火机、常用药物等。当然钱、银行卡、身份证也是必要的，但一定要放好了……

最好再自备一支登山杖，自己的东西用起来自然、顺手。记得一次去爬峨眉山，在路边顺手花五块钱买人家的竹竿儿，一天下来，不光是脚磨出了血泡，拿竹杖的手也已经血肉模糊了……

当然，远行、久行或者爬山的话，要带的东西可能就更复杂了，不但要带好物品，还得好好地在地图上、书本里、网络中多下些工夫查一查，做好万全准备。

培养品质

登山远行意在让男孩子关注学习的同时，也要加强身体、意志的锻炼，培养自信、开朗的性格，学会与人交流、分享，提高综合素养和能力。在远行中验证你心中真正的力量，激发一个男子汉深藏不露，抑或你自己都没有发现的东西。

明朝名将俞大猷在《秋日山行》中说："丈夫不逆旅，何以及苍生？"男子汉要以天下苍生为念，就得行走天下，强健体魄和意志，培养性格和毅力，开阔眼界和襟怀，增长听闻和见识……

同时，登山远行还可以培养我们的团队意识，更好地增强我们的合作精神，

扩大我们的生活圈、朋友圈，何乐而不为呢？

注意事项

1. 团队一定要团结，但又不要过分依赖别人，你必须要学会自立、独立，不要时时处处都要别人照顾和迁就。

2. 不管是家庭团队，还是朋友、同学团队，一定要有队长，要有核心人物，便于统一意见，并且申明，要服从团队管理。你必须信赖你的同伴和你的队长，团队的秩序依靠所有人来维系，这是一个团队安全活动的基本准则。

3. 如果是朋友和同学团队，那么生活和旅行费用就要实行“AA制”，一两个人统筹安排，账目要明确，交费要自觉，不要等着别人催，可能会不好意思的。

4. “AA制”不仅仅是费用均摊，一切工作、繁琐的事情和体力劳动、风险等都是均摊的，你不可能袖手旁观，也不要袖手旁观。很多在家里你已习以为常坏习惯，现在必须要做出改变。你和你的同伴是一个团队，你需要他们的协作与帮助，而你也要付出你的努力与真心。

5. 宽容与博爱是维系团队间关系的润滑剂。体谅你的同伴，在你快乐的同时，不要影响、打搅他人。

6. 保护一切自然与人文环境是每一个人的责任。带走你的垃圾，也请尽可能带走别人留下的垃圾。

7. 最重要的是，团队中一定要有户外远行经验比较丰富的同伴做向导，切勿冒失出行。因为，户外活动中往往会出现较多的未知因素，地理环境的陌生，可能会给你的旅行造成较多的困难；人文环境与风俗习惯的不熟，可能会让你陷入窘迫和尴尬。

8. 一定要记好团队成员的手机号码，而且要记住手机全号。或许平时我们的手机里，只存有朋友圈子里常用的团体号、短号，但在关键的时候，这些号码是帮不了你的。

名人事例

（一）

宋朝的苏辙在《上枢密韩太尉书》中说："孟子曰：'我善养吾浩然之气。'今观其文章，宽厚宏博，充乎天地之间，称其气之小大。太史公行天下，周览四海名山大川，与燕、赵间豪俊交游，故其文疏荡，颇有奇气。"

"辙生十有九年矣。其居家所与游者，不过其邻里乡党之人；所见不过数百里之间，无高山大野可登览以自广。百氏之书，虽无所不读，然皆古人之陈迹，不足以激发其志气。恐遂汩没，故决然舍去，求天下奇闻壮观，以知天地之广大。过秦、汉之故都，恣观终南、嵩、华之高，北顾黄河之奔流，慨然想见古之豪杰。至京师，仰观天子宫阙之壮，与仓廪府库城池苑囿之富且大也，而后知天下之巨丽。见翰林欧阳公，听其议论之宏辩，观其容貌之秀伟，与其门人贤士大夫游，而后知天下之文章聚乎此也。"

人为骨，文为气。写出好文章，须得养自己的浩然之气，而养浩然之气，就得先培养自身的骨气。德养气，行养德，没有内心的大德，难成我们自身的正气；没有我们日常的良好品行，难得人世的大德。性格与品行什么关系，不言而喻。

（二）

湖北襄阳有一所学校，几位教师教育孩子有一套很好的方法，很简单，就是经常带领全家人出去旅行。三两个家庭，七八个人，谈笑间，观察自然，体验艰辛，教导孩子，锻炼身体。近的，五十公里以内，或爬山，或长走，早上出门，日落回家，一身疲惫，又一身轻松。大人小孩儿，都很开心，既磨炼意志、锻炼身体，又愉悦心情、开阔视野，还能够增进亲情、体现关爱。平日挑食的孩子，现在吃嘛嘛香；往常爱使点儿小性子的孩子，也懂得如何去关心别人……因为户外就是一个综合锻炼，既是体育，又是生活；既是家庭，又是社会。

连望坡冬景

连望坡夏景

至于远的，你体验过几家人，大人小孩一起去探神农架，去爬峨眉山吗？峨眉山的“连望坡”一行，准叫你知道什么叫意志，什么叫坚持，什么叫亲情，什么叫关爱！

（三）

《再不远行，就老了》，王泓人著，自传体旅行报告，也可以说是小说。在旅行中，王泓人发现了很多不得不说、不得不写的东西，于是也成就了她的文章。

一个“80后”单身女孩，辞掉外企的工作，独自环游世界。

她带着3000多美金上路，本来只是想去新疆和西藏这广阔天地去走走转转。可是这一路上那些惊险刺激、不可思议的人物和故事持续不断，令她上瘾，停不下来，她的旅行也就欲罢不能。

几年来，王泓人从国内到国外，从亚洲到世界，先后走过了东亚、南亚、中东、北非、东非等地区30多个国家。

一路上，她写下近百万字的旅行心得，引来100多万的访问量，成为中国当前最知名的旅行达人之一。

我们不必要个个都去做旅行家，但是我们的确能在远行中收获更多的东西。不仅要读万卷书，还要行万里路，无“万里路”之行，我们读的“万卷书”怕也是死书了。

(四)

郭子鹰说:“一辈子是场修行,短的是旅行,长的是人生。”

他告诉我们,人生最好不要远离了旅行,更不要脱离了远行。一次远行,让我们尝到的,绝不仅仅是疲惫和体验。

远行更重要的是你所经历的过程,而不是结果。如果上峨眉山,就是为了登上金顶“一览众山小”,那你就错了。登峨眉山的那种痛并快乐着的过程,才是我们真正索求的东西;爬连望坡的那种期待和绝望交织的感觉,能让你获得的体验又何止是一场登山和远行所能概括的!

“每天都是一次新的旅行,每一个和我们走过一段的人都值得感激。”

一场旅行,一次升华。你绝对会有所取,也会有所舍,而这种取舍,源自于你的内心,而不是他人的干涉……

“最好的时光在路上——在不同的地方遇见的不同的人,他们各不相同的人性闪烁,在那个与你交错的瞬间,改变、点化、充盈着你的人生。”

在路上,你才会收获更多,因为这是一个过程:过程永远比结果重要!如果我们能够真切地认识到这一点,那很多的话,都可以不说了。因为,你已经是一个很明白的人了,无须再说。

“最美的自己在远方——孤独的旅行能让人有更多的机会单独面对自己,向内心的更深处出发。总有一天,你会在不经意之间,遇见那个你最想成为的自己。那个你,卸下了在都市丛林里背负的重重铠甲,活力蓬勃,宛若新生。”

因为你在为你的理想而奋斗,因为你在享受为理想而奋斗的过程,因为你不仅仅是在收获结果。

“旅行会打开你的感官,再次让你在城市里变得麻木的眼睛、耳朵、鼻子和味蕾兴奋起来,首先要开放心灵接收它们,不带半点儿成见地出发!告诉我们你看过的最美的瞬间、听过的最美的声音、闻过的最美的气息、尝过的最美的味道……让我们一起分享美好的‘旅行感’!”

寻找灵感吧!画地为牢,永远不会有灵感冲击。最好的时光在路上,最好的灵感也在路上,心灵之水要不断地冲刷、更新,才能沁人心脾。

第十二章　从漂流到冲浪

陆地上的运动，实在而动感；水中的运动，更富有浪漫与刺激。顺水漂流，逆水冲浪，一个是充满浪漫之旅，一个是充满刺激之行。“长风破浪会有时，直挂云帆济沧海。”在古代，漂流和冲浪还只是一种梦想。而今，漂流和冲浪都已发展成十分有趣的运动项目了。

漂流和冲浪，最早源于人们对生存的需要。没有合适的工具，就地取材，临时制作出木筏、竹筏、羊皮筏等，顺水离去，漂到安全的地方，这就有了漂流。顶风迎浪，弄潮儿向涛头立，何其英勇。漂流有情趣，冲浪更刺激，加入到这个队伍里来吧，好男儿志在四方！

漂　流

漂流成为一项真正的户外运动是在二战之后。我国漂流运动起步较晚，真正开发出来的商业性河流资源还比较少。随着人们户外活动项目的不断拓展和技术技能的不断提高，也许在不久的将来，漂流也能作为一项竞技性的运动，给人们带来更多的刺激和欢乐。

近年来，我国在漂流运动方面取得了很大的进步，尤其是女子四人皮艇，在里约奥运会上获得第四名，中国漂流运动越来越受到世界的瞩目。

随着社会的发展，生活水平的提高，回归自然、挑战自然成为人们追求的时尚。漂流运动以其特有的运动形式成为现代人融入自然、挑战自然的方式，备受追求时尚、热衷户外运动的年轻人的喜爱。漂流运动以其特有的惊险和刺激，得以在世界各地迅速发展。

活动方法

漂流，一般分探险漂流、自然漂流和操控漂流三大类。其实，探险漂流、自然漂流在某种意义上讲都可归为自然漂流一类，但是因为探险漂流不强调参与而重在探险，因此危险较大，所以要区分对待。我们通常所说的漂流，比较狭义，一般是指上述三类中的自然漂流与操控漂流，更多的是一种群众性的水上运动、娱乐项目，也称休闲漂流。

（一）基本工具

漂流艇、船桨、救生衣、安全帽。

（二）漂流技巧

1. 漂流沿溪而下，水面开阔河流较缓时，尽可悠闲地挥挥桨，抬头看看周围的景致；但是遇到急流险滩时，就需要大家齐心协力，运用各种技巧同舟共渡。

2. 到达险滩前，可先预测一下顺流而下的大致方向；然后招呼大家收桨，将脚收回艇内并拢，双手抓紧艇上的护绳，身体俯低，不要站立起身，稳住艇身，重心保持平稳，一般就能安然渡过险滩。

3. 河道水流较深时，常会出现旋涡，此时应尽量绕行而过，避免被卷入。

如果被卷入的话，要保持镇静，让艇顺着洄流旋转，等转至旋涡外围时，大家合力划桨即可冲出困境。

4. 漂流过程要保持平稳，避免冲撞。实在避无可避时，要将艇身控制在正面迎撞的角度（侧面碰撞容易导致翻艇），抓紧绳索。冲撞后艇身会与岸平行，此时这一侧的乘员要注意收脚以免夹伤。有时艇与艇之间会靠得很近，为避免冲撞双方要相互配合往反方向划桨或抵开艇身。

5. 在石头密集之处，水道变窄，水深变浅，水流变急，很容易发生搁浅。此时不必慌乱，可用桨抵住石头，用力使艇身离开搁浅处。若此招不灵，就要派人员下水，从旁侧或拉或推让艇身重入水流，而拉艇的人则要眼明手快，注意安全。

6. 漂流过程中注意沿途的箭头及标识，它可以帮助你找主水道及提早警觉跌水区。

培养品质

漂流运动让人接近大自然，在自然的世界里获得运动的刺激。在这个过程中，可以锻炼我们手臂的划水能力，队员之间的配合能力，帮助形成良好的团队意识和互相帮助的美好品质。还可以培养我们对水流、船只的控制能力，结合水流的具体情况，解决水上遇到的具体问题，养成良好的分析、解决问题的能力。通过漂流，我们不仅能欣赏美景，还能增长见识、结识朋友，进而养成平和稳重的性格和坚韧不屈的意志。

注意事项

1. 有心脏病、高血压、癫痫、残疾及其他有碍运动的疾病或病史者，孕妇等不宜进行漂流。

2. 漂流时尽量穿简单、易干的衣服，但不要太薄或色彩太淡。鞋子最好选择凉鞋，运动鞋浸水后短时间是干不了的，脚上的皮肤往往会被浸得肿胀。

3. 漂流时必须坐在艇内，不得坐沿上，以防甩出艇外落水或碰到石壁。

4. 漂流期间不能脱下救生衣及安全帽。

5. 漂流期间尽量不带贵重物品，特别是高级相机、手机等，以免进水或丢失。

名人故事

赛艇奇葩——图福特

在男子单人双桨赛艇世界名将中，挪威选手图福特是最为奇葩的一个。说他奇葩，首先表现在他的个人战绩上，他已经在单人双桨项目上取得了两届奥运会、两届世锦赛和一届世界杯的冠军，出色地完成了“大满贯”。其次，他还和队友合作，获得了悉尼奥运会双人双桨项目的银牌。再次，就是他的出身，他并不是一位专职的运动员，而是一位地道的兼职运动员。

图福特生于1976年，靠种粮食为生。作为一名普通的农夫，农忙时他会开着播种机或者收割机在田间劳作，农闲时他还会兼职做救火队员。尽管运动生涯没能让图福特平步青云，反倒伤病加身，但他还是乐在其中。为了生计和对运动的热爱，图福特还曾以自己的名字举办过“农夫图福特挑战赛”，比赛项目包括扔斧子、拉汽车、换轮胎等农户间常见的活动。图福特参加悉尼奥运会时拿到银牌，然后在带有伤病的情况下，在北京奥运会上夺得金牌。而就在赛前，他还向外透露，自己正吃力地应对着健康和体能问题。当他取得胜利时，最为经典的表现就是双拳紧握，仰面朝天，发出狮吼。他所取得的成绩主要有：

图福特

2000年，悉尼奥运会男子双人双桨亚军；

2001年，世界赛艇锦标赛男子单人双桨冠军；

2003年，世界赛艇锦标赛男子单人双桨冠军；

2004年，雅典奥运会男子单人双桨冠军；

2006年，赛艇世界杯男子单人双桨冠军；

2008年，北京奥运会男子单人双桨冠军。

冲 浪

冲浪是一种以海浪为动力的极限水上运动，这种运动极富刺激性与挑战性。冲浪者站立在冲浪板上，或利用腹板、跪板、充气的橡皮垫、划艇、皮艇等驾驭海浪。不论采用哪种器材，冲浪者都要有很高的技巧和平衡能力，同时要善于在风浪中长距离游泳。冲浪者先在有适宜海浪的地方俯卧或坐在冲浪板上等待，当合适的海浪逐渐靠近的时候，冲浪者调整板头方向，俯卧在冲浪板上划水，给冲浪板足够的速度使冲浪板保持在海浪的前面。当感觉到海浪推动冲浪板滑动时，冲浪者起身，两腿前后自然站立，两膝微屈，利用身体重心、肩膀和后腿控制冲浪板的走向。

冲浪起源

冲浪是波利尼西亚人的一项古老文化。他们的酋长是部落中冲浪技术最好的驾浪者，拥有最好的海滩和冲浪板。一般酋长不允许民众进入他的海滩，但若有人冲浪玩得好，也有机会获得特权。冲浪运动是波利尼西亚人的生活，它影响了波利尼西亚的社会、宗教和神话。冲浪特技也成为波利尼西亚酋长威信的象征。

冲浪运动真正的发展是在1912年。当时，奥运会游泳冠军，美国人哈哈摩库，十分欣赏这一极富刺激性与挑战性的运动，在他的大力提倡下，冲浪运动率先在美国加利福尼亚州推广开来。1962年，第一届世界冲浪锦标赛在澳大利亚的曼利举行，之后冲浪运动逐渐在世界各地展开，直到今日。

冲浪运动以浪为动力，要在有风浪的海滨进行。海浪的高度要在1米左右，最低不少于30厘米。夏威夷群岛常年有适合于冲浪运动的海浪，特别是冬天或春天都有从北太平洋涌来的海浪，浪高达4米，可以使运动员滑行800米以上。因此夏威夷群岛一直是世界冲浪运动的中心。

活动方法

（一）基本工具

冲浪板、冲浪服、蜡、安全脚绳、沙滩裤、防晒衣等。

（二）冲浪技巧

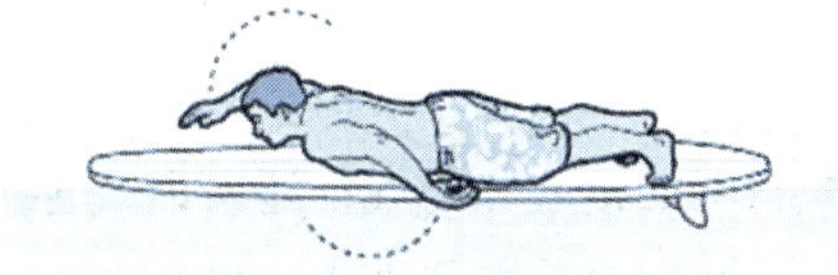

初学者一般选择质地较软的泡沫板，容易捕捉浪花，而且稳定性也好。最初几天你会不断地摔在板子上，用泡沫板还可以避免受伤。

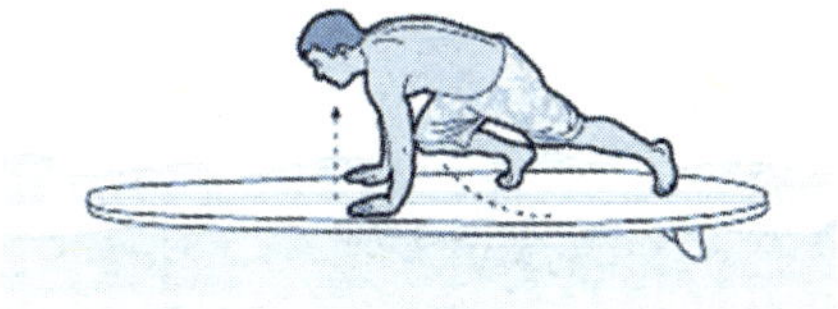

1. 趴板。冲浪的基本姿势是趴板，右手握板前端，小臂支撑在板上，挺胸抬头，左手握板左前方，用来控制板的方向，以便做出迂回、旋转等动作。

2. 追浪。选择一个目标，不要太远，但要确保水足够深以防止你从板上下来的时候伤到头。齐腰深的水最好。当海浪来临的时候，用手滑向海浪。快要接近海浪时转身。转身的时候也要一直在板上并牢牢抓住板的一侧。这时板会旋转并指向岸边，海浪会从你的身后过来。不要被吓到，转过头看着海浪。

3. 起身。当你看到一个海浪准备要打过来的时候，开始划水，给板子足够的速度使板子保持在海浪的前面。然后用手臂撑起身体，慢慢地把脚放在冲浪板上然后快速站起。一旦起身，膝盖就要弯曲，胳膊要放松、伸展，并且身体前倾以降低重心，集中注意力，让海浪带你到岸边。

4.做好被海浪冲下来的准备。虽然被冲下来很不愉快，但这是不可避免的冲浪体验的一部分。海浪的冲击力很大，所以你一定不要让海浪打在你的身体上。最安全的方法是像炮弹一样入水，即四肢朝上臀部入水。然后慢慢地返回海面，但要当心不要和冲浪板发生磕碰。一旦你已经安全地浮出水面，就跟随你的脚绳爬到你的板上，不要让你的冲浪板漂走或伤到别人。

培养品质

冲浪是集力与美、保健与瘦身于一体的绝好运动。它可以让人们忘却烦恼，体验一次次与海浪搏击，驰骋在浪头上的快感；可以培养孩子们的斗志，增强挑战自然的信心和勇气；还可以改善孩子们的体能，激发他们的潜能，磨炼他们的意志和胆量，塑造遇事不慌、处变不乱的性格，并由外及内，提升孩子们内在的气度和品质。

注意事项

1. 由于冲浪运动并不穿着救生衣，所以冲浪者最好精通泳术，这样即使在突如其来的危险情况下，如冲浪板松脱或失去平衡而掉下水中，也可自救。

2. 初学者下水前要检查装备，冲浪板要经蜡块打过，检查好安全绳，然后热身20分钟，方可下海冲浪。

3. 准备冲浪之前要先观察一下，不要和别的冲浪者发生冲突。

4. 最好一个人一个浪，平时保持2个冲浪板长度的距离，而在冲大浪的时候，大家要保持3个冲浪板长度的距离。

5. 由外海冲回岸边时，要在水深约30厘米的浅海处下板，避免冲浪板直接撞在石头上。

6. 在海中冲浪时如果看到水母出现，要赶快上岸，以防被蜇到。

名人故事

弄潮儿向涛头立

美国冲浪运动员凯利·斯莱特，是位天生的冲浪手，是有史以来人们公认的"最伟大冲浪手"。斯莱特6岁便站在趴板上赢得了冲浪比赛，12岁时已经非常出名了。他9摘世界冠军头衔，5获大师杯冲浪比赛冠军，并赢得了夏威夷Eddie Aikau巨浪冲浪大赛冠军，拥有自己的冲浪配件公司，甚至是Sirius电台节目秀和斐济冲浪活动的主持人。

凯利·斯莱特

自小，斯莱特便每天要练习冲浪8小时，从未间断。职业生涯中，他始终和他的支持者走在一起，并且从未有过不良嗜好。他的身上散发着谦虚的气质，为人处世低调，被人们称为"非常友好的绅士""浪尖上的迈克尔·乔丹"。多年来，他维持着良好的公众形象，令那些年轻职业选手们赞叹不已。

凯利·斯莱特的家，靠近佛罗里达州的可可比奇，那里有美丽的沙滩，终年巨浪滔天，是冲浪爱好者的天堂。放学回家，他做的第一件事就是扛起冲浪板，奔向大海，一头扎进翻滚的浪花中。有时候，他甚至等不及放学，而赶在上学前就跑到海里和浪花约会。11岁时，父母离婚了，小凯利留在父亲的身边。不久，整天泡在海里的小凯利成了当地小有名气的冲浪高手，照片开始登上冲浪杂志的封面。1991年，刚满19岁的凯利·斯莱特就荣登美国《人物》周刊年度人物50强排行榜。

在美国，凯利·斯莱特已是家喻户晓的人物，姑娘们崇拜的海之骄子，但是他期待向全世界证明自己。1991年，凯利·斯莱特告别学校，转为职业冲浪选手。第二年，他为自己的20岁生日挣得一份大礼：初次涉足世界职业冲浪巡回赛的凯利·斯莱特，一举成为这项运动最年轻的世界冠军。

和迈克尔·乔丹一样，斯莱特将他从事的运动变成了一种艺术，不但技艺精湛、出神入化，而且时时充满灵感与创造性。在他之前的冲浪选手只是沿着海浪的波峰和波谷滑出优美的弧线，斯莱特却看到了在大浪卷起时，浪尖和波谷之间会形成一个管状空洞，他在那一瞬间从其中穿过，发明了被称为“斯莱特式穿越”的新技术。

1998年，凯利·斯莱特退出了冲浪圈，直到2002年，时隔三年，他重出江湖，可江湖已经不是他那个江湖了。这一年，他只拿了第九名，并且父亲也在这一年去世。斯莱特发现，比赛就像独自一个人旅行，要顺着自己的劲头，才能从里面找到快乐。果然，在他33岁、34岁时，又拿到了冠军。自此，斯莱特不再片面追求动作的完美，而是希望随心所欲，获得恒久的和谐。他严格控制饮食，过着一种健康的生活。

凯利·斯莱特迷恋在世界各地冲浪的日子，听说中国杭州钱塘江上可以一试身手，让他对在中国冲浪多了份渴望。“假如心有挂碍，我一定不会出现在浪上，”他说，“对我来说，让心灵世界从容安详，天底下没有比这更重要的了。”

第十三章　从登山到攀岩

自古以来，人们就有登高望远的习俗。不过，自古登山难。大诗人李白慨叹，“蜀道之难，难于上青天！”只因为他亲眼见了蜀道“西当太白有鸟道，可以横绝峨眉巅”的艰难。但自从人类脱胎于动物以来，征服自然的愿望就越来越强烈，向往着“会当凌绝顶，一览众山小”时的豪迈；明白着“欲穷千里目，更上一层楼”的人生大道。一旦登上绝顶，则欣喜若狂，或真切地悟出了“不畏浮云遮望眼，自缘身在最高层”的人生哲理，或想象着远方“日月之行，若出其中；星汉灿烂，若出其里”的波澜壮阔。

登山难，攀岩则更难。李白体会到了“黄鹤之飞尚不得过，猿猱欲度愁攀援”的蜀道之艰难，许棠则有“顶峭松多瘦，崖悬石尽牢”的慨叹。

尽管如此，以战胜自然、征服自然为己任的人类，总是不断地向这些生命极限运动发出集结号，并且总结了大量登山、攀岩的经验。如今，登山、攀岩成为了时尚体育锻炼项目，人们爱登山、爱攀岩，享受着旭日朗照、青山碧水的惬意。

登 山

作为一名男生，自然希望自己将来成为战胜困难、征服自然的强者。那么，参与到登山、攀岩运动中来吧，感受一下大自然的鬼斧神工；与大自然肌肤之亲，感受一下大自然的无穷魅力吧。

登山史话

登山，是指在特定要求下，运动员徒手或使用专门装备，从低海拔地形向高海拔山峰攀登的一项体育活动。登山运动可分为高山探险、竞技攀登和健身登山。前两项均需要专门训练，我们这里与同学们着重交流以健身为目的的休闲、娱乐性登山活动。

登山来自于人们生活、生产劳动的实践。俗话说："靠山吃山，靠水吃水。"长期生活在山上或靠山地方的人通过上山砍柴、打猎、伐木，以及采掘野果、野菜、药材和矿藏等手段谋求生计。在远古时期，洪水泛滥，人们常会上山去躲避洪水。出现部落、民族和国家后，人们又常常上山去躲避入侵的敌人或依山打击敌人。在商品交换形成之后，人们又赶上马匹，翻山越岭与外族进行商品交换和文化、艺术交流。

人类的生活始终与山有着不解之缘，登山也就由此而不断得到了发展。在我国民间还流传着许多登山的传统习俗，如九月九日重阳节，人们登高进行健身活动和旅游活动。许多文人墨客也非常热爱登山以尽情享受"会当凌绝顶，一览众山小"之壮观。为了登上峰顶，人们充分发挥着自己的聪明才

智。1786年之前就有人使用登山镐、绳索等专门器械，并掌握了雪崩、滚石、冰崩、高山缺氧等有关知识。随着现代科技的发展，登山装备形成后，在18世纪末，登山逐渐从旅行活动中分离出来，成为一个独立的体育运动项目。

技术要领

（一）技术准备

1. 宿营装备。包括帐篷、炊具、寝具和各种燃料等。

2. 技术装备。包括登山绳、氧气装备、测量仪器、高度计、干湿度计、钢锥、登山铁锁、升降器、挂梯、雪铲等。

3. 个人装备。包括登山服、登山鞋、头盔、手电筒、手套、防护眼镜等。其特点是：轻便易携，坚固耐用，便于拆卸，一物多用。

4. 登山饮食。

（1）生火装备。如使用营火，必须等到火完全熄灭灰烬完全冷却才能离开。木材选用死木头或倒木，不要乱砍林木。有条件的，可准备瓦斯炉或汽化炉，同时需配备燃气。

（2）饮食按一日三餐，遵循“好、饱、足”的原则。若午餐在营地以外的途中食用，宜选取方便、高能量食品。

另外，还需准备下面几类粮食，以备不时之需。

①行动粮：可随时取用的补充粮，以蛋白质及糖类食品尤佳，如糖果、饼干、巧克力、羊羹、小糕饼、奶酪、牛奶、火腿、肉干、花生等，每次食用分量不需太多，但应经常食用，最好是单片包装，以防受潮。

②预备粮：因恶劣气候、行进错误、受伤或其他原因造成行程延误时的紧急储备粮食，应不须炊煮、质轻、易消化吸收，且可长时间储存，如肉干、干果、糖果、谷类混合制成的饼、水果干、快餐面等，汤包、茶包、饮品等可在有水源及热源时使用。

（二）登山技巧

1. 做好健身运动。利用10～20分钟做一些肌肉伸展运动，尽量放松全身肌肉。

2. 增加弹跳动作。向上攀登时，在每一步中都有意增添一些弹跳动作，不仅省力，还会使人显得精神，充满活力。

3. 别总往高处看。登山时不要总往高处看，尤其是登山之初，往上看往往使人产生一种疲惫感。向上攀登时，目光保留在自己前方3～5米处最好。如果山路比较陡峭，则可作“Z”字形攀登，比较省力。

4. 转移注意力。不慌不忙、走走停停才能体会到登山的乐趣，不会错过美丽的风景。在疲惫时，可以多观赏一下周围的景色，也可唱唱歌，听听音乐，倦意会有所消减。

5. 登山动作要领。上体前倾，弯腰屈腹，稳步踏地前进。攀越岩石区要踏稳平整的岩块，攀爬陡坡岩石要抓稳有棱角支点的起伏处。学会两手攀握一脚踏地和两脚撑地一手攀登，向上攀进的组合动作。

6. 下山动作要领。微微凸腹屈膝，重心稍向后移，步速宜缓慢，步幅小而稳妥。切不可冲得太快，这样很容易受伤。放松膝盖部位肌肉，绷得太紧会对腿部关节产生较大的压力，使肌肉疲劳。

7. 排除路障。通过杂草地区，采用高草拨分，低草踏压，藤草迈跨的方法前进；穿过灌木丛区时，两眼环视，谨防头部被树枝钩扎；越过山涧、水溪时，涉水步速要缓慢，身体重心稍降低。

培养品质

经常进行登山活动，对人体有很大的好处，从医学角度来说，它对人的视力、心肺功能、四肢协调能力、体内多余脂肪的消耗、延缓人体衰老等方面有直接的益处。

登山，与自然亲密接触，还能怡养性情，陶冶情操，磨炼意志。

注意事项

1. 登山时应选择舒适的软底防滑鞋，以避免因劳损造成局部疼痛。

2. 登山过程中最好使用手杖，可以在很大程度上节省体力，减轻膝关节和髋关节的负担，减轻腿部的压力，缓解腰部和肩部的疲劳感，还可以增加行走的稳定性，防止跌倒。

3. 如果登山路程较长，则可以尝试使用带有弹力的绑带缠绕在小腿上或者穿弹力袜，加快下肢静脉血回流，防止登山后下肢肿胀。

4. 登山过程中容易出汗，最好带一件保暖外套，防止感冒。

5. 登山时热量和水分消耗很大，补充水分时最好多次少饮，以免一次喝水太多增加心血管的负担。

6. 登山时最好使用双肩背包，以减缓肢体的疲劳。

7. 不论哪个年龄段的登山者，速度都不要太快，过快都会加重心脏负担。

攀 岩

如果说登山是怡情养性的体育锻炼和休闲活动，那么攀岩基本上算是极限运动了。对于初学者而言，先从登山开始，循序渐进，逐渐增加难度和强度，你就有机会体味“一览众山小”的佳境了。

攀岩史话

攀岩运动是利用人类原始的攀爬本能，借以各种装备作安全保护，攀登一些由岩石构成的峭壁、裂缝、海蚀崖、大圆石以及人工制造的岩壁等。由于攀登者在岩壁上稳如壁虎，矫似雄鹰，所以攀岩是又一项极具美感和观赏性的运动，被誉为“岩壁芭蕾”。惊险刺激是攀岩运动最大的特点，它能充分满足人们回归自然、寻求刺激、挑战自我的欲望，这也是它深受人们喜爱的根本原因。

远古人类为了躲避猎食者或者是敌人，在某个危急的时候纵身一跃，攀上岩壁，从而成就了攀岩这项运动。而人类最早的攀登记录，是1492年法国人攀登304米的石灰岩塔，他们带着简单的钩子和梯子，凭着经验和技巧登顶成功。

1974年，攀岩运动正式被列入世界比赛项目。20世纪八十年代，现代竞技攀登比赛开始兴起并引起广泛的兴趣，1985年在意大利举行了第一次难度攀登比赛。

技术要领

（一）装备

俗语说“工欲善其事，必先利其器”，攀岩作为一项有一定危险性的运动，一定要准备好相应的装备。

1. 个人装备：安全带、攀岩鞋、防滑粉袋、下降器、上升器、头盔、手套等。

2. 攀岩装备：攀岩绳、安全铁锁、绳套、岩锤、岩锥、岩楔、钻孔器、膨胀锚栓、绳梯、吊床、滑轮、峭壁挂钩、对讲机、岩场路线图等。

3. 其他装备：背包、睡具、炊具、炉具、小刀、打火机等，视活动规模、时间长短和个人需要携带。

（二）技术要领

1. 三点固定法是攀岩的基本方法，是指在攀岩墙壁上使双脚单手或双手单脚三肢固定，每次只移动一手或一脚来向上攀爬的方法。运用该方法时，上下肢要协调配合，在放手移向下一个手点前，必须保持自己身体的平衡状态，移向新的脚点时，要先将重心移至该点。攀爬过程中要降低重心，手臂尽量伸直，尽可能多地利用下肢发力和支撑重心，控制好身体。在攀爬过程中，灵活地控制和移动重心，能有效地减轻双手的负荷，保持身体平衡，提高完成动作的能力。对于初学者，最好不要急于爬高，而应先做一段时间的平移练习，即从岩壁较低位置的一侧横向移到另一侧，体会重心控制技术。

在三点固定单手换点时，一般先把重心向对侧移动，使手在没离开原支点之前就已经没有负荷，可以轻松地出手抓握下一支点横向移动，此时重心要下沉，使双手吊在支点上而不是费力地抠拉支点。在伸手够下一支点时应把双脚踩实，用腿的力量使重心上移，而不是单靠手的拉力使身体上移，只靠手臂力量攀爬不可能持久。操作时身体尽量贴近岩壁，若用到侧拉、手脚同点、平衡身体等技术动作时要使身体与岩壁间留一定空间，以便于做预备性动作，但要在身体上升的一瞬间使身体迅速贴向岩壁。在安全的前提下，可利用惯性直接冲击下一支点，这样不仅可以有效地节省体力，也能提高完成动作的信心。动作要连贯但不能太随意，保证各个细节都要到位，冲到支点后要尽快恢复身体平衡，调整好重心。困难地段要快速通过，容易地段可做适当调整休息，使动作连贯，一停顿一连贯间歇进行。休息地段一般选择岩壁没有仰角或仰角较小的大支点处，用最小的力去抓握支点，两手臂依次轮换放松休息。休息时双脚踩稳支点，上体后仰，但腰部要向前顶出，下身贴近岩壁，使体重压到脚上，手臂有机会就要放直，尽量避免长时间的弯曲，否则臂力会很快被耗尽。在仰角面上身体垂直水平面，不要贴近岩壁，这样能够使脚和岩面上的摩擦增大从而增大脚的蹬力。在垂直岩面上，腹部要紧贴岩壁，可将身体重量直接压向小的脚点。当脚移向下一个脚点时，手臂自然放直，不要用臂力来改变身体方向，要等脚点踩稳后，靠转移身体重心来完成动作。总之，整个攀爬过程要合理分配体力，有效安排休息，用最小的力去完成整个攀爬过程。

2. 动作术语“九字诀”。

抓：用手抓住岩石的凸起部分。

抠：用手抠住岩石的棱角、缝隙和边缘。

拉：在抓住前上方牢固支点的前提下，小臂贴于岩壁，抠住石缝隙或其他地形，用手臂力量使身体向上或向左右移动。

推：利用侧面、下面的岩体或物体，用手臂的力量使身体移动。

张：将手伸进缝隙里，手掌或手指屈曲，以此抓住岩石的缝隙作为支点，移动身体。

蹬：用前脚掌内侧或脚趾的蹬力把身体支撑起来，减轻上肢的负担。

跨：利用自身的柔韧性，避开难点，以寻求有利的支撑点。

挂：用脚尖或脚跟挂住岩石，维持身体平衡，使身体移动。

踏：利用脚前部下踏较大的支点，减轻上肢的负担，移动身体。

培养品质

攀岩运动以其独有的登临高处的征服感、刺激性和挑战性，吸引了无数爱好者。在攀岩过程中，体验用自己的身体和四肢与地球引力抗争；体验攀登对自己心理的刺激和震撼；体验在高空中登上去突然滑下来时的巨大心理恐惧。因为有攀岩绳的保护，你又能重新寻找支点，一次又一次重复，促使你不断克服放弃的念头，以顽强的意志与困难作斗争，有利于磨炼自己的意志，培养自信心。

攀岩集健身、娱乐、竞技于一体，既要求运动员具有勇敢顽强、坚忍不拔的拼搏、进取精神，又需要具有良好的柔韧性、节奏感及攀岩技巧，这样才能娴熟地在不同高度、不同角度的陡峭岩壁上轻松、准确地完成身体的腾挪、转体、跳跃、引体等惊险动作，给人以优美、流畅、刺激、富有力量的感受。

第十四章　野外摄影与写生

摄影

有人说，摄影家的能力是把日常生活中稍纵即逝的平凡事物转化为不朽的视觉图像。对于青少年来说，摄影是记录生活、放松身心的一种方式，是欣赏世界、拥抱自然的一个视角，是寻觅美、发现美、感受美的旅程。照片为我们留下的不仅是记忆的片段、成长的欢乐，更有拍摄者的思想凝结其中。所以，孩子们，拿起相机扑进大自然的怀抱吧，它会丰富你的世界，丰富你的人生。

摄影技巧

拍摄出好的摄影作品需要有一定的器材、耐心，以及一些必要的知识。

在野外拍摄好的摄影作品需要掌握以下几个技巧：

1. 使用三脚架。你必须将你的相机安装在一个三脚架上以防止相机晃动。尽量将相机靠近被摄物体，并且注意不要引入不必要的阴影。

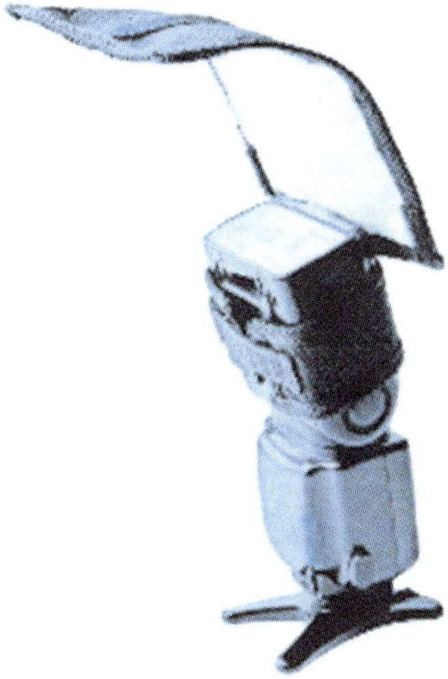

2. 调焦。虽然它不是拍摄时必需使用的技能，但是却是一个很好的辅助手段，可以帮助你拍摄出好的特写镜头。调焦能够使相机以非常小的增距沿着x和y轴线移动，能够精确地控制画面的景深。如果用移动三脚支架来达到理想的效果则是非常麻烦的。

3. 使用快门线。即使你已经将相机安装到了三脚支架上，但是如果你在按快门的时候不小心，仍然有可能使相机产生晃动，所以为了避免这种情况的发生，建议最好还是使用快门线。

4. 使用黑色或有色背景。在拍摄时，当被摄物体的背景为黑色，那么就能够使拍摄出来的照片看起来更清晰。当然，你也可以使用模糊的背景，特别是当被摄物体的色彩很浓的时候。

5. 在必要的时候使用反光卡。用一个白色的卡片或用一张铝箔包在卡片上，将光线反射在被摄物体上，以照亮物体上的阴影部分。需要注意的是不要让这张卡片出现在被拍摄范围内。

6. 一定要有耐心。有时候，即使是一阵微风也会使特写镜头变得模糊。在这个时候，你就一定要有耐心，最好是等到风过了之后再进行拍摄。同样，在户外拍摄时，如果天空的云遮住了太阳，最好是等到太阳出来后再拍摄，这样拍摄出来的照片看起来会比多云时拍摄的照片色彩更鲜艳、更明亮一些。

7. 运用好构图。构图最基本的因素是线条、形式、质感以及这些因素之间的空间。当然色彩同样也是不可忽略的因素。在取景器中的某个景物或人物的肖像，都是根据摄影者个人的感受进行安排的。什么与故事有关，什么与故事无关，怎样构图和怎样选择主体、光线、色彩一样，是一个摄影家独特的个人风格。

8. 当画面中被摄主体在画面中所占比例过小，或画面的空白空间比较单调时，可以创造性地运用欠曝形成剪影作为前景，黑色的剪影既可以压迫观众的视觉投向被摄主体，同时也不会分散观众的注意力。甚至可以以剪影作为主体的边框，形成方、圆或变异的各种形状，使普通的景物具有独特的画面形式感，增加画面的纵深感。

9. 关于摄影“宁过勿欠”与“宁欠勿过”的两种曝光原则。顾名思义，“宁过勿欠”指的就是“宁可过曝也不可欠曝”，只要曝光直方图不超出右边界，就可以放心地过曝，这样反而能让画面最大限度地干净细腻，并且感光度越高，效果越明显。“宁欠勿过”指的是“宁可欠曝也不可过曝”，因为欠曝所带来的图片不够亮的问题完全可以用后期技术处理补救回来，而一旦过曝、丢失细节，拿什么软件都难以解决了。

注意事项

任何好的作品，都应是摄影者思想的表达，作品记录的是对现实生活、社会现象的一种视觉感受。注意下面三个方面，会让你的作品更胜一筹。

1. 瞬间造型的把握。用一张照片来表达整个事件的过程可能远远不够，但是如果通过一个具有精彩画面的瞬间，在特定环境中，能够把主题鲜明地表现出来，这就是纪实摄影追求的瞬间造型视觉形象。

瞬间记录真实发生的事件是摄影的关键。瞬间产生的效果远远大于追求光影和构图。所以在拍摄中往往不能强求完美的构图和光影效果，因为构图要在瞬间决定，捕捉瞬间的光影，及时按下快门，目的就是记录生动、自然、真实的瞬间形象。所以尽管在构图上也许有所欠缺，光影也可能达不到最佳艺术效果，但因为是最真实、最生动的画面，会有较强的现场感，并且富有生活气息，这样拍摄出来的照片往往会产生较强的感染力。当然，技术环节如果也很到位就更加完美了。

2. 抓拍技巧的掌握。抓拍是摄影最典型的拍摄手法，这个时候对于拍摄技巧会有一定的要求，必须能够熟练把握器材的设置，控制好快门速度及曝光量，才能把发生的事件准确、及时地记录下来。尤其是野外拍摄，由于光线的原因，光圈、快门和感光度的组合非常重要，这个时候要更多利用现场的自然光来进行拍摄，如果强行使用闪光灯从正面对主体进行补光，往往会造成主体太亮而背景很暗的效果，这样拍摄出来的照片会显得不够生动并缺乏画面层次。摄影技巧把握不好，很难表达富于表现力的瞬间形象。要学会利用现场自然光线来进行拍摄，必须要具备一定的摄影技巧，比如自动感光度能一定程度上提高拍摄效率和成功率，但要注意自动感光度设置上限的画面素质，而光圈开大虽能提高快门速度，但要确定景深是否合适等，这些都需要在实际拍摄中不断积累经验。

3. 摄影语言的运用。要了解摄影语言并掌握摄影语言和利用摄影语言来突出画面主题。对于纪实摄影来说，无论什么样的镜头焦距段都可以记录真实的场景和事件，但不同焦距的视角特点会有不同的画面效果。如广角镜头的透视原因在野外摄影里能够表达出比较鲜明的现场感，强化近景的冲击力，同时它可以容纳更多的场景、更多的细节和更多的画面信息量。而长焦镜头可以压缩空间透视关系，将远景拉近，拍摄时对背景进行有目的的选择，能让背景更好地衬托拍摄主题。

优秀的摄影作品，除了要记录真实、自然的活动场景和事件，还需要表现意境和注重形式感，同时具备艺术性，这样的作品才能具有更强的画面感染力。

名人故事

野外摄影家海泽尔·安吉拉

海泽尔·安吉拉，世界著名自然摄影家，以巧妙的光线运用和细微的近距离特写见长，曾任英国皇家摄影家协会主席、英国诺丁汉大学教授，是第一位被授予教授称号的英国野生动物摄影家，出版过47本有关自然科学、摄影及园艺题

海泽尔·安吉拉

材的书及35万幅拍摄自世界各地的照片，并自己建立了一个照片库，自己管理。

海泽尔·安吉拉女士曾经多次来到中国举办她的《自然视线》摄影展，包括最主要的和最新的50幅野外摄影精品。自2000年6月以来，此展览已在世界很多国家和地区巡回展出，并受到一致好评。

她说："我到过中国15次，这是一个很大的国家，去一次是不够的，有那么多的东西可拍。1984年我第一次到中国，去了西安、云南、四川卧龙。我对中国的传统园林很有兴趣，还有窗花。我去了许多次，每次都有不同的收获，仅卧龙就去了5次。我印象最深的是第一次来中国拍熊猫时，那是在九寨沟，在1985年。事前我并不知道九寨沟有那么美丽，计划中也没有，但我设想的是要好好拍一些片子。在成都我问导游有什么地方可去，于是导游就带我去了九寨沟。那个地方真是太漂亮了，蔚蓝色的湖，天光山色倒映在水中，五彩斑斓。"

出生于1941年的海泽尔·安吉拉女士，没有人们想象中身手矫健，也没有出众的外表，个子不高，一头浓密且直的短发透露出她率真的性格。如果不是事先知道，你绝不会把她当作年过六旬的老太太。一离开聚集到她身上的灯光和公众视线，安吉拉女士立即还原为一位极其普通的英国妇女。她讲起话来直截了当，看得出她的思维在奔腾。她遇上出乎意料的问话，会脱口咕哝一句："这种问题！"而遇上她喜欢的话题，会立刻笑逐颜开。讲到开心处，她会痛快淋漓地开怀大笑，而且笑得前仰后合。有时她觉得一下子讲不清楚，就会急不可待地抓起笔来，写出几个单词。而如果她想要去做什么事，就会急急忙忙小跑着去做。她并不善于应付媒体，几乎没有面对媒体时应有的自我意识，根本不像一个声名显赫的公众人物。她给人的印象更像是一位快人快语的邻家大嫂，而不是一位蜚声世界的杰出摄影家。

（本文部分文字摘自《北京青年报》，有删改）

写生

户外写生跟摄影一样包含了无限情趣、无尽乐趣。你看那夏日里绿树成荫、楼台倒影的池塘，蜻蜓立在小荷尖，碧绿的莲叶、争相开放的荷花，空气中弥漫着一股股清香，令人心旷神怡，大自然如此鲜活而真实，快快拿起画笔描绘这幅美景吧！如果说摄影记录的是事物某一时段的某种状态，而写生中能体会到生命的多种状态，云气的流动、光色的变化、层次的曼妙、草木的摇曳……在写生中可以收获别样的感动。

写生，对于初学者来说更多的是训练形体的把握。对传统素描来说，造型是最基本的内容，所以在造型方面要注意培养。不一定非要专业的工具，一支笔，一张纸，简单色调的线条变化，没有特定的要求，抓住事物的形态，把事物最有特点的地方体现出来。可以尝试先画一些景物，然后给别人看看，看他能否认得出来。

如果你没有一点素描的基础，建议先从素描开始练习，从简单的几何体入手，了解结构，训练透视技巧；然后再开始明暗的尝试，了解光影。因为在写生中这些都将会用到。线条的疏密、粗细、浓淡等，都得经过一段时间的美术素养的培训才可以在写生中运用熟练，寥寥几笔便传神地勾勒出你所描写的事物。

当然，不是没有基础就不可以拿笔写生，以你的眼光，抓住你观察到的特点将事物勾勒出来便可以了。开始时用铅笔是大多数人的选择。我比较倾向先用铅笔大致起草，然后用钢笔上墨线。这样对自己眼睛是很好的训练，下笔没有回旋的余地，只能看准了画。开始很痛苦，之后就很有感觉了。

写生对描绘细节和光影变化非常重要，人不可能记住所有的细节，经常写生对研究色彩学的规律也非常有启发。写生也是开始学习绘画时最重要的训练方法。

基本方法与步骤：

（一）构图经营

写生有一般的构图要领，但是需要反复地实践方能有所领悟和掌握。在构图经营中，首先是面对有画意的自然景物，选定好位置和角度而进入自身独特感悟之后的构图策划，抓住景物特色之点。然后确立地平线和取景范围，进行画面严密分割与透视意象的把握，并通过这种面积的分割，使画面宾与主相呼应，疏密、虚实及前后景物安排得体，以体现出一种内含的力量与节奏韵律之美。

（二）形面分析

待构图意象在画面上初步落实之后，紧接着进行形面的分析。这种分析的任务，一是对线构成的平面形的认识与控制，二是对体和面的立体结构的分析与归纳。这一步对初学者至为重要，它能加深对主要物体结构和透视规律的理解。

（三）总体色调

写生的深入刻画一般从主体景物的精彩部分开始着手刻画而逐步展开。刻画中应随时注意整体氛围的控制，任何不恰当的细节刻画，都可能导致画面的不协调。待刻画结束后，要进行画面的调整和艺术处理，即调整主次虚实关系，以突出主体和画面视觉中心部分的精彩之处，弱化并简洁其他部分。同时，在表现手法与艺术处理上，应紧紧围绕画面总体气氛做出加工和调整，使之和谐而富有艺术美感。

（四）深入刻画与艺术处理

写生的一般步骤和基本方法也如前所述，可以是多种多样的，如可以用结构画法，也可以用线和明暗相结合的方法等。当你熟练掌握各种画法之后，作画的程序也就因人而异，有所区别了。总之，室外的风景写生范围较大，而且由于季节、时间、气候和阳光的变化，给我们提出了许多新的课题。开始可以有重点地单独研究树木、山、水、建筑、交通工具等景物，作一些局部的写生，为进一步画复杂的风景积累经验。

培养能力

在美术教育中发展青少年的观察力、表现力及空间转换能力是美术教育的目标之一。户外写生首先是培养学生的观察能力。绘画大师马蒂斯把“看”当作是一种创造性的视觉能力，这里的“看”就是观察，是直接领悟事物本质特征的直觉能力，即所谓在绘画中的透视力和洞察力。在写生中就是通过具有透视力和洞察力的观察，迅速准确地捕捉对象，将瞬间凝固在画面中，使之成为永恒。

注意事项

写生最重要的是对整体画面色调的把握；其次是整幅画面的构图要舒服；然后是冷暖和纯度的变化，整体画面的光感，受光背光的统一；最后是绘画者寄托于风景的情绪的表达。很多画家都在风景写生上下了很大的工夫，力求精益求精。

第十五章　滑草滑雪

滑草运动

滑草是一项前卫运动，和滑雪一样能给运动者带来动感和刺激。特别对少雪地区的人们来说，滑草就更新鲜了，因为它比滑雪更具有娱乐性，更能体验人与大自然的和谐。滑草时需要的场地较大，甚至占据整个山坡，在感受风一般速度的同时又能领略到大自然的美好。滑草运动符合新时代环保的理念，又具备新奇的特点，所以颇受人们的喜爱。

滑草是使用履带在倾斜的草地滑行的运动。1960年，由德国人约瑟夫·凯瑟始创，其基本动作与滑雪相同，因此最初作为滑雪季节准备的一环，在滑雪国家队的夏季训练中被采用。由于滑草运动符合现代人的理念，且具有能在春夏秋季节体会滑雪乐趣的独特魅力，自德国推广到欧洲其他国家，颇受人们喜爱，从而成为世界规模的大型运动。它所具有的娱乐性、休闲性，使许多追求速度和生活乐趣的女性也乐此不疲。

1986年，国际滑雪联盟滑草委员会成立，滑草运动的参与人数逐年增多。据推测，全世界的滑草爱好者已超过1000万人，滑草运动员约2.5万人。对于远离雪山或身处夏季的滑雪爱好者来说，滑草同滑雪一样，富有激情和魅力。挺立在蓝天下的坡顶，远望无尽群山，然后助滑竿一点，身体向前一倾，转眼间已飞入绿野丛中。在享受速度的激情的同时，大地迎面扑来，心跳加速，此时身心是何等的快意。

活动方法

（一）滑草场地

滑草场地的长度在120～300米，宽度在30～80米为佳。滑草车（滑橇）专用场最好是山坡斜角10度，向下延伸60米，加一段20米长平地，再向上缓冲8米。

滑草场

（二）滑草装备

1. 滑草器。普通滑草器长度约0.8米，竞赛用滑草器最长可至0.95米，促使滑动的主要零件是滑草器内的滚珠。整个滑草器就像是个迷你的坦克车履带，在高速滑行时可以做出类似滑雪的动作。

2. 滑草固定器。以穿脱方便为宜，主要作用是把滑草鞋固定于滑草器内部。

3. 滑草鞋。与滑雪使用的鞋子完全相同，都是为了有效保护踝关节，所以无法使用替代品。

4. 滑草杖。与滑雪所使用的雪杖基本相同，只是由于滑草器较滑雪板高，所以滑草仗也较滑雪杖长些。滑草杖的主要作用是帮助平衡。

5. 护具。比赛用护具主要有头盔、护手及护腿。初学者要特别注意护具的使用，以保护自己。

（三）动作要领

1. 平地滑行。两脚平行站立，利用手腕力量将滑草杖向后推动，使身体和两滑草器同时向前滑行前进。身体重心不可置后，否则会后倾摔倒。

2. 直滑降。滑草器与肩同宽，上身不要前后左右晃动，略为前倾。小腿紧贴滑草器，此时滑草器在斜坡上会自动向下滑行。注意，上半身一定要稍前倾，只要重心不变，滑草器就会平顺地在斜坡上前进。

3. 并腿转弯。若要做出优美的并腿转变，滑草器要先有一定的速度。转弯时主要的身体动作放在脚上，利用膝盖、踝关节来控制转变方向，向右转则加大左脚膝盖、踝关节的力量，向左转则加大右脚膝盖、踝关节的力量。

注意事项

1. 穿上滑草器最初的动作就是步行。其动作与一般的走路并没两样，开始时也许不习惯，可先穿上一只滑草器来回走几下，然后两只一起穿上，一步一杖地适应平衡。

2. 跌倒时以侧身着地最为安全，切不可用手腕去撑地，或膝盖先着地，或臀部往后坐在滑草器上，或头、肩向前翻筋斗。初学者应特别注意身体重心的把握。

3. 跌倒起身时，先将两滑草器与坡面成直角平行放好，然后利用两支滑草杖把身体撑起。

滑雪运动

滑雪是一项动感强烈、富于刺激的体育运动，起源于欧洲。早在几千年前，当人们的生产条件还很落后的时候，人类为了在恶劣的自然环境中生存，发明了可以代替行走的滑雪板，它的应用使得人们可以在浩瀚的森林雪原中任意驰骋，追寻猎物。

随着时代的推移，滑雪的实用价值已逐渐降低，由于它更贴近自然，贴近生活，被人们广泛接受，演变成了现代的竞技运动和旅游项目。世界上正规的滑雪比赛项目大致有：高山滑雪、越野滑雪、自由式滑雪、雪上滑板滑雪等，每一大项又分众多小项。

纯竞技滑雪具有鲜明的竞争性、专项性，相关条件要求严格，非一般人所能具备和适应。旅游滑雪是出于娱乐、健身的目的，受人为因素制约程度很轻，男女老幼均可在雪场上轻松、愉快地滑行，饱享滑雪运动的无穷乐趣。

活动方法

初学者首先应该学好基本的滑雪技术，最好聘请一名富有经验的滑雪教练进行专业的指导，且雪道要宽，雪质要好，坡度不能太陡。要多花点时间学习直滑和转弯技术，因为它们是滑雪技术的精华所在。

（一）滑雪器材

滑雪器材主要有滑雪板、滑雪服、滑雪靴、滑雪杖、滑雪眼镜等。

1. 滑雪板。滑雪板分单板和双板。一般滑雪板的材质有木质、玻璃纤维和金属之分。初学者最好选用弹性好、长度短、雪板头较大、轻便的滑雪板。如果经济条件允许，滑雪者应考虑选购一套自己专用的滑雪器材。

2. 滑雪服。首先要考虑其防水、防风雪的性能，其次是保温透气功能，以舒适合身、不妨碍行动且尽量减少风的阻力为原则。当前，滑雪服已经发展为时尚与功能融合的产物，不仅仅适合滑雪，平时穿也很漂亮。

3. 滑雪靴。首先确定你是玩单板还是双板，这两种板子配合的滑雪靴是不一样的。滑雪靴一般是双层设计，外层为固定外壳，内层为保暖内里。

4. 滑雪杖。简称雪杖，其作用是帮助滑行及维持身体的平衡。选择时以质轻、不易折断、平衡感好、适合自己身高为原则。一般由拦雪轮起算，最长不过肩，最短不低于腋下。

5. 滑雪眼镜。因雪地上阳光反射强烈，容易造成雪盲症，所以滑雪时必须戴上滑雪眼镜来保护眼睛。镜架以塑胶制品较为安全，镜片颜色以黄色或茶色为佳。

（二）基本要领

1. 预备姿势。滑雪的基本姿势是平衡的姿势。初学时一定要在一块平坦的雪地上体会预备姿势：滑雪板分开，与肩同宽平衡站立，重心落在两脚之间。滑雪板要均衡受力，踝部略微弯曲，膝部和髋部也要稍微弯曲，背部要挺直，双臂弯曲。然后向前或侧向走几步，适应一下穿上滑雪鞋、滑雪板的感觉。

2. 滑行。犁式滑行是一种简单易学的滑雪方式，它的动作是双脚成为“八”字形，立于雪道之上，双膝稍弯，身体重心在两雪板之间，滑雪板与雪地保持有切入角，从开始滑直到停下来始终保持这一动作。顺着雪道滑下一次后，你会发现，滑到雪道的下端平缓地时，速度会降下来，这说明犁式滑行能降低速度，达到了控制速度的目的。然后反复练几次。

3. 转弯。在滑行的基础上，将重心移到左脚上停留一会，身体便会向左转弯，再将重心移至右脚上停留一会儿，便会向右转弯。转弯动作不是重心移动了，就完成了，而是移动后，要将重心保持在一支滑雪板上一会儿，才算完成一个转弯动作。也就是说，转弯是持续用力完成的动作。这个滑行动作需要多次反复练习。

4. 停止。滑行中使雪板成犁式状态，重心后移，形成后坐的姿势，同时将两板尾蹬开，加大立刃，两板内刃逐渐加大刮雪力量，直至停止。

培养品质

滑雪属于有氧运动。冬季滑雪，人在室外的冷空气中运动，对身体氧气运输系统的考验更大，更能在无形中锻炼心血管缩张的能力，增强心肺功能。

滑雪又是一种对平衡性要求极高的运动，其本身就是掌握平衡的过程，在带来速度享受的同时，也锻炼了协调能力、平衡能力和柔韧性。只有充分协调好全身的各个部位，才能提高人的心理素质和应变能力，做出各种动作。

此外，人到了冬天，运动量少了，体质就会相对差一些，情绪也会低落一些，最好的调节方法就是去滑场雪，活动活动筋骨，放松放松心情。

注意事项

1. 选择好贴身内衣。滑雪运动是一项高体力消耗运动，身体会排很多汗液，选择合适的贴身内衣很重要。最好不要用棉制品，因为棉制品吸水性较好，当人体处于运动状态时，棉制品会大量吸收人体排出的汗液，而当人体处于静止状态时，棉制品上的汗液很难在短时间内挥发掉，又冷又潮的棉内衣贴在人皮肤上会将皮肤表面热量带走，使人产生寒冷的感觉。可以将一件带网眼的尼龙背心贴身穿，然后在外面套上一件弹力棉背心，这样身体排出的汗液会透过尼龙背心吸附在弹力棉背心上，而不会产生寒冷的感觉。

2. 注意防止冻伤。冻伤是指人长时间处于低温环境中产生的伤害事故，人体易产生冻伤的部位主要有手部、脚部、耳朵等，所以应选用保温效果较好的羊绒制品或化纤制品对上述部位进行保温。

3. 滑雪前要先做热身，一上来就开滑，很容易受伤。

4. 不要单独一个人外出滑雪。外出滑雪时要告诉家人或朋友，自己去什么地方滑雪，去几个人，什么时间回来，以便出现意外时，及时救援。

5. 即使你有滑雪基础，也要先从初级道开始练习，逐渐升级到高级道。

名人故事

飞翔的番茄

肖恩·怀特，美国人，单板滑雪运动员，曾获得2006年、2010年冬季奥运会单板滑雪“U”型槽男子冠军，绰号“飞翔的番茄”。他是世界上最好的单板滑雪选手、最有才能的滑板选手之一。他不仅滑雪技艺高超，而且还形成了自己独有的风格。很多滑雪者都可完成空中转体900度，但肖恩·怀特的转体却更有看头，因为他的技巧、风格和个性已经融合在一起，这使他成为最受尊敬、最优秀的单板滑雪选手之一。

肖恩·怀特是先天性心脏血管畸形病患者，这种疾病会使人的动脉血和静脉血混合，如果不及时治疗，很可能活不到20岁。因为该病，怀特在5岁的时候就已经做了两次大型的心脏手术。病好以后，怀特便开始练习单板滑雪。有意思的是，他所住的地方不允许年龄在12岁以下的孩子学滑雪，因此怀特的老爸便自告奋勇当起了他的老师。可是父亲也不会滑雪，于是父子俩便一起学习，共同进步。由于怀特在单板上的天赋，很快就掌握了单板滑雪中的高难动作。13岁时就和一家大型器材供应商签约，成为最年轻的职业单板运动员。

怀特的滑雪历程也不是一帆风顺的。2004年，他的右膝受伤并做了关节手术。虽然手术很成功，但他却因为急于重新回到雪场上而过早地开始了训练，结果造成了膝盖多处骨头受伤，他不得不再次休息了半年。

苦尽甘来，如今的怀特就算是没有这个奥运会冠军，也是世界著名的运动员了。甚至还有一部名为《怀特相册》的电影是以他的生活为蓝本拍摄的。“在我刚刚参加比赛的时候，所有的人都能够战胜我，”怀特回忆说，“这项运动也非常危险，我的手腕、脚踝都骨折过。在雪场上我流过血，受过伤，但是我的家人一直支持着我，我想把这块金牌献给他们。”

肖恩·怀特

第十六章　模拟野战与荒岛生存

模拟野战

迷彩服、激光枪、野树林，相信很多在镭战大联盟参加过模拟野战的朋友都知道，镭战大联盟的模拟野战流程虽然相对比较简单，但是却有很多的趣味性。模拟野战集军事野战、体育运动、娱乐休闲于一体，既惊险刺激，又富有挑战性；既可以斗智，又可以斗勇，而且各类人员都可以参加。

模拟野战，俗称“真人CS”，起源于20世纪80年代，其灵感来源于好莱坞大片《星球大战》。游戏无论是在装备还是场景设置上，都模仿影片中未来世界的激光枪战。作为一种运动和游戏参半的娱乐方式，模拟野战很快在欧美风靡一时，并成为互动游戏和网络游戏体验的代名词。近几年来，这一娱乐项目正逐步向亚洲各国推广。现在很多公司与组织开始运用野战运动来锻炼团队的合作能力以及领导能力。参加运动的人员手持激光枪支，身穿迷彩服，在丛林与废墟中穿梭，与“敌人”展开激烈的“战斗”，亲身体验只有在电影或网络游戏当中才能看到的场景……

活动方法

模拟野战的玩法可以说是多姿多彩。不过，就形式而言，大体上可分为团队战和个人战。所谓团队战，是将人员分成两队，以标识带作为识别。对方在所属阵地上插上代表己方的旗帜，然后在统一号令下开始作战。或将对方击倒，或将旗帜抢过来，就算是胜利。当然，如何算胜利，作战双方在战前可以详细规定。个人战则完全属于个人战斗的游戏，最后唯一“幸存”的便是胜利者。

虽然模拟野战没有统一的游戏规则，但因为是双方约定俗成，所以双方都必须严格遵守，且必须是以诚实为基础。否则，模拟野战就变得没有任何意义了。

活动流程

1. 分组建战。

参与人员分组，给予编号，取队名、口号，并选出队长。

2. 装备讲解演示，参与者穿戴装备。

教官详细讲解头盔、背心、激光枪的使用方法及操作要领（这时参与者应注意听教官讲解），教官讲解演示完毕，参与者开始穿戴装备。

3. 作战任务部署和手语讲解、战斗规则讲解。

教官给参与者部署作战任务，详细讲解作战手语，使参与者可以更好地在作战中进行战术配合。讲解战斗规则，参与者应当自觉遵守，保证游戏的公平性。

4. 队长作战前士气动员。

各战队队长进行士气动员，分配任务，部署攻防。团队合作意识在“真人CS”中是最重要的，要想赢得比赛，一定要听从队长吩咐。

5. 战斗开始。

“真人CS”每场战斗时间可根据实际情况来定。

6. 战后休整，换装，装备回收。

培养品质

模拟野战可以培养孩子相互配合、相互帮助的团队意识；激发孩子的创造、进取精神；提升处理危机、应对变化等方面的能力。

模拟野战还可以磨炼孩子的意志和毅力，提高应对挫折的能力，增强自信心和进取心，使其在生活学习中保持积极、乐观的心态。

此外，模拟野战还可加深团队成员间的了解，沟通感情，培养孩子的协作、交流、共享意识，树立全局观念。

注意事项

1. 战斗场地要在隐蔽的地方，而且确认附近没有野狗野猫，也不会打扰到其他人。

2. 多带点食物和水，以便补充能量。

3. 不适宜激烈运动的病症患者不建议参与此类活动，12岁以下少年儿童须由家长陪同，不能单独参加这类野战游戏。

荒岛生存

也许你一直以为“探险”只是那些职业探险家的专利，对你来说可望而不可即。但今天，你将有机会摆脱城市的喧嚣、学习的重压，骄傲地踏上只属于勇敢者的探险之路，真切地体验你自身的存在和价值。扎木筏、钻木取火、蒸馏海水，这些已经渐渐被人们遗忘的远离现代文明的生存手段，会出自你的手中；没有食物、没有营地、黑夜里的饥饿与寒冷等状况会因你而改变。亲爱的朋友，用你的心、用你的身体去感受、去体验吧。

生存知识

（一）收集淡水

1. 塑料袋蒸发取水。将塑料袋撑开，把新鲜无毒的绿色植物装在袋子里，约为袋内空间的四分之三左右，在袋中放一些干净的小石子，注意不要扎破袋子，扎住袋口，把袋子放在阳光充足的斜坡上，即可利用阳光蒸发取水。注意要在日落之前将水取出，否则水又会被植物吸收回去。也可将塑料袋直接套在树叶或灌木繁茂之处，扎紧，若备有较长的导管可事先插入，即可直接吸取蒸发出来的水分。

2. 用蒸馏海水的方法取水。海边，若燃料充足（枯木或晒干的海藻之类），可以用锅煮海水来收集蒸馏水。煮海水时，在盛海水的器皿上蒙块毛巾，将蒸馏产生的淡化水珠吸附在毛巾上，没有毛巾可用苔藓代替，然后沥在大贝壳或其他容器中，晾凉后可直接饮用。第二次世界大战中，有一些海员在没有人迹的荒岛上，就是用类似的方法制造大量淡水而维持了76天，最终获救。

3. 冬季，在北方海域，可将海水放在一个容器中冻结。当海水结冰时，大部分溶解在水中的盐分会结晶析出，此时冰块基本是淡化的。

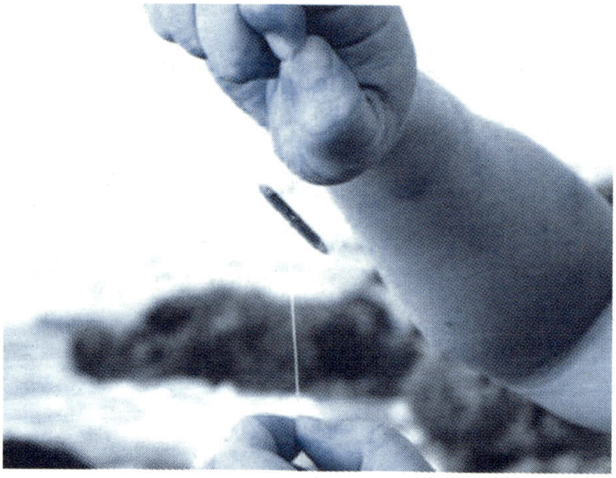

制作钓针

4. 也可以从鱼的眼睛和脊椎骨中吸吮出一些水分。咀嚼生鱼肉然后吐出肉渣也可得到少量水分。不得已时，吸取捕获的海龟血也是应急补充水分的办法。

（二）获取食物

1. 制作钓具。在野外，没有钓具可以制作代用品。如用针，或在海边寻找被丢弃的鱼骨和硬木刺来制作代用的鱼钩。加工时，若无小刀可用贝壳锐利的边角细心刮制。至于钓线，则可以用韧性较强的蔓草制作。先将蔓草晾干，再用石块捶击使其柔软，捻成长度为2～3米的强韧的钓线。鱼饵通常用蚯蚓，还有各种昆虫（如蜻蜓、蝗虫、牛虻等）。在找不到鱼饵的情况下，可用对鱼类有引诱作用的羽毛、棉球、软塑料等作为代用品，这些东西的颜色和气味，能使海鱼误以为是食物而吞食。

2. 钓鱼。简便实用的钓鱼方法是“扣针钓”，即以针代钩，线缚在针的中央，上面系上鱼饵，沉入水中。鱼吞食针饵之后，针饵斜横着摆动，稍拉钓线，针就横搁在鱼的咽喉或胃中，进出不得。

理想的海钓时间是早晚风平浪静的时候，若是涨潮就更好了。在开始涨潮至满潮期间，鱼顺潮水游动频繁，容易上钩。下钩地点一般可选择礁石多、有海草、有深沟的地方。

3. 钓海鸟。在海上还可以用鱼钩钓海鸟，方法是把鱼钩藏在鱼的内脏或小鱼等钓饵中，然后将钓饵放在木片上投入海中，待海鸟啄食，伺机收钩捕获。此外，在海岛礁岩边，可在夜晚抓海鸟，鸟类在夜间是不活动的。

4. 捕海龟。海龟面貌可怖，其实很温顺。南海诸岛4～6月为海龟产卵期。每当夜间或清晨，可趁海龟成群爬上海滩产卵的时机，疾步跑去把海龟掀个四脚朝天，沉重的海龟便动弹不得，束手就擒。海龟产卵时将卵埋在沙滩上，每只每次产卵少则70～80枚，多则120～140枚，可沿海龟路迹寻挖。海龟蛋白煮熟后也不凝固。

（三）取得火种

首先，找到合适的木材做钻板，干燥的白杨、柳树等会是不错的选择，因为它们的质地较软。再找到合适的树枝做钻头，相对硬一些就可以，条件不像钻板一般苛刻。然后，把钻板边缘钻出“V”形的小槽。最后，在钻板下放一团易燃的火绒或者放一些干枯、松软的树叶，双手用力钻动，直到钻出火来为止。

（四）食物的食用与贮存

捕获的鱼应立即去鳞（或去皮）和内脏，清净后可生食。鱼卵及内脏不能食用，鱼头和内脏可作钓鱼用的食饵。

海岛常无锅可用。削几支长50厘米的短棍，把肉切成小片穿在上面；鱼可从嘴部穿入，整条穿在棍上，然后把肉（鱼）拿到火上烘烤。还有一种泥包裹肉（鱼）的烤法，将肉块（鱼）用和好的泥包裹起来，厚约3厘米左右，放在火中盖上一层木炭，45分钟即可烤熟。

多余的肉（鱼）可切成小片在太阳下晒干，为防止霉烂变质，要晒到干透为止。一般有阳光时，晒2~3天，使肉变成暗色。肉上如长霉菌，可用刀刮去，肉仍可食用。

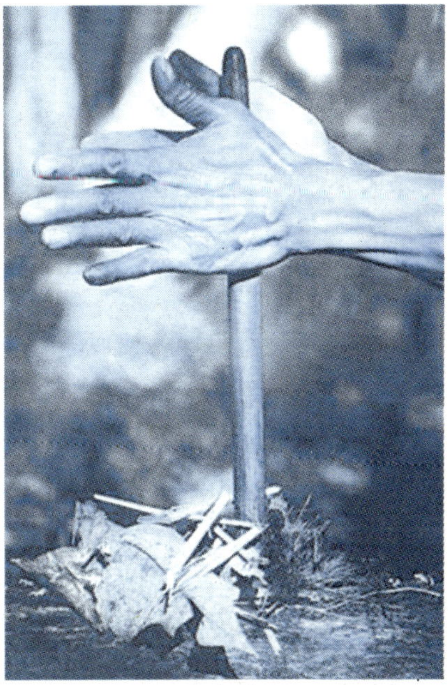

取火种

培养品质

海岛生存训练可以释放生活、工作压力，调节心理平衡，认识自身潜能，增强自信心；可以提高自我控制能力，培养团队合作精神；通过共同的荒岛经历，使大家在一种陌生却新鲜的环境中迅速磨合，以最快的速度进入最佳状态。

注意事项

1. 由于户外活动特别是在水边紫外线反射强烈，建议除游泳衣裤外多准备一件外衣，在潜水活动中使用。

2. 出于个人卫生考虑，建议准备个人潜水物品，如潜水镜、呼吸管套装。

3. 晚间非集体活动时，禁止一切入水活动。

4. 千万别忘记带求救设备，当你实在坚持不下去的时候可以得到援助。

名人故事

现代“鲁滨孙”荒岛求生

不带食物、不带淡水、不带工具、不带武器、一丝不挂，37岁英国男子埃德·斯塔福德就这样踏上南太平洋一个荒无人烟的小岛，独自生活60天。

斯塔福德事先接受了一些野外生存训练，比如学习钻木取火和制作石斧，然而上岛后发现应用这些技能颇不容易。岛上没有适合做石斧的石头，只能用螺壳做工具。不是随便找块木头就能擦出火星。找到合适的木头生火花了他两星期的时间，用一个大螺壳刮树皮搭建棚屋花掉11天。

“每件事花的精力都大大出乎意料。”斯塔福德后来说。

斯塔福德一直坚信自己能在孤岛上坚持60天。他上岛第一天就找到一个能栖身的洞穴，吃海螺肉果腹，喝椰子汁止渴。

他说：“我的目标不只是存活，还要进化，成为这个岛的主人，过上一种可持续的文明生活。”

一天，斯塔福德看到一群羊，于是决定去打猎。他先制作一副弓箭，但是射不中，又制作一支长矛，却因矛头不够尖利而失败。设陷阱抓山羊也没成功。

埃德・斯塔福德

第43天，他在岛上走，想找只螃蟹吃，却发现一头羊吃树叶时不慎把羊角卡在树根里。斯塔福德试图掐死这头四五十公斤重的羊，没能成功，最后用一个大螺壳把羊砸死。

斯塔福德接近晌午时才杀死羊，到天黑时才剥完羊皮。他用海水浸泡羊肉，以便让羊肉入味，再把肉放到火上烤。这头羊让他吃了8天。

这不是斯塔福德第一次接受生存挑战。2008年4月，这名前驻阿富汗的英国军人与一名同伴踏上沿亚马孙河徒步之旅。同伴中途退出，赞助商停止赞助，斯塔福德仍坚持旅程，最后用两年多时间走完全程。他把这段经历写成《徒步亚马孙》一书，广受好评。这本书已被翻译成8种语言，“探索”频道还把他的这段经历拍成纪录片。

斯塔福德徒步亚马孙河途中历经千辛万苦，几次险些丧命。他在这次荒岛生存体验之前说：“我在亚马孙坚持了860天，（荒岛生存60天）能有多难？”

第十七章　地质考察与古迹寻访

三清山，是大自然的骄傲。10亿年的风蚀水磨，造就了它的钟灵毓秀，惊世骇俗，留下了“揽胜遍五岳，绝景在三清”的惊叹。三清山，是历史的骄傲。1600年前葛仙翁结庐炼丹，开启了它千年道文化的传奇，赢得了“天下第一仙山，世上无双福地”之美誉。

三清山的神奇，来自于造物主的钟情。10亿年地质巨变和历史积淀，使这里集自然景观与人文景观于一身，峰林峻峭奇秀，古木茂密繁盛，人文粗犷古朴，气象变幻万千，溪泉、飞瀑别具一格，动植物丰富多彩，具有极高的美学、科学价值。慕名而来的美国国家公园基金会主席保罗先生曾赞叹道：“三清山是世界上为数极少的精品之一，是全人类的瑰宝。”

你的家乡呢？是不是也有像三清山一样闻名的山山水水，让我们一起来一次地质考察，来一次古迹寻访吧。

地质考察

活动方法

（一）选择考察路线

对于任何一个地区地质情况的调查，都是先从一个观察点开始的，由观测点连成调查路线，再由观测点和调查路线构成调查网络，最后延展为调查面，从而形成对调查地区地质情况的认识。因此观测路线是控制调查网络的骨架，是确定观测点的前提。对于一次考察来说，应该确定几条路线，它们的密度、先后顺序，都应谨慎考虑，做好安排。野外地质考察路线的布设，主要有以下两种方法：

1. 穿越法。这种方法主要适用于倾斜岩层发育的地区，所选择的路线要垂直或尽量垂直于岩层的走向或构造线的方向，沿着这样的路线进行野外考察、调查，可以在较短的距离内，用较少的时间，比较完整地观测所露的岩层和各种构造现象。

2. 追索法。这种方法的基本要求是沿着标志层、地质界限或构造线的走向，布置观察路线，这种方法多适用于追索地层的层位、岩层的接触关系和断裂变动等。

选择观察路线时，要根据考察区的基本情况，尽量选择岩层出露好，植被覆盖少，交通条件便利的路线。

（二）选择野外观察点

观察路线确定之后，就要沿着所选定的路线进行地质观察。观察路线是由各观察点连结起来的，选择合适的地质观察点是野外调查重要的前提。

1. 选点的原则。观察点的布设以有效掌握各种地质现象，控制各种地质界限和地质要素（如褶皱、断层、节理等）为原则，一般选择在岩性和岩相变化明显的部位，地层中“组”与“组”的交界处，标志层、化石点、矿点或矿化点出现的地方，或其他有意义的地质现象出露的部位。

2. 观察点的标定。野外调查过程中，为了确定和勾绘各种地质界限和地质要素的空间位置，首先需要将观察点的位置标定在地形图上。观察点的位置确定之后，要对观察点按顺序编号。观察点的系统编号，可以使原始地质观察资料条理化，便于整理和查阅。

（三）地质的观察

野外考察，应选择基岩出露较好的地方（即露头）进行观察。露头观察的资料是地质调查最原始的基础资料。露头观察的质量，直接影响野外地质调查的质量。因此，一定要将露头上应该观察的项目逐一加以观察并规范记录。

1. 岩性观察。岩性观察是地质调查的基础。任何一个露头，都要从岩性观察入手，从而了解岩层的层序、构造形态、接触关系和地质时代等。在观察点，首先要区别沉积岩、岩浆岩和变质岩，分别从其颜色、矿物成分、结构等方面去观察。

2. 沉积岩的观察描述。沉积岩的观察描述应包括下列内容：沉积岩的颜色、构造、物质成分、岩层之间的接触关系及其他成因标志，对沉积岩要按照统一的分类命名原则准确命名。对于沉积岩的碎屑岩，应观察和描述碎屑颗粒、杂基的含量与特征。

3. 地质构造的观察描述。在野外地质考察过程中，应注意观察各种大、中、小型地质构造现象并收集素材。对各种类型的断层、褶皱、节理及岩脉等的特征、规模、性质、组合关系等认真观察并做好记录。

（1）褶皱的观察。首先应查明岩层的相对次序，确定褶皱的位置，并对相应的标志层进行追索。同时辅以照片或素描，分析研究确定褶皱的性质、形成时间、活动历史等。

褶皱

断层

（2）断层的观察。首先，应判断断层的存在与否。在野外考察中，识别断层主要应从以下几个方面进行：a.地层的重复与缺失；b.构造线的中断；c.断层伴生或派生构造，如拖曳褶皱、密集的剪节理、断层角砾岩等；d.水文、地貌和植被标志，如水系的突然转折、断层崖、断层三角面，一系列泉水的线状展布或湖泊的线状分布，植被的线形异常分布变化等。当确定断层的存在之后，应对断层的性质、规模、断层带的特征等进行详细观察。

培养品质

地质考察，可以从中学到不少实用东西，把所学的知识运用到实践中，从而提高继续学习的热情。地质考察还可以加深对地质地貌学的了解，并且掌握一定的考察地质地貌的方法要领和细节。例如，要对考察对象做一定的了解，合理安排考察路程和考察内容，注意研究的方法和工具的使用，一些考察的细节如做笔记应该用铅笔，地质地貌考察的必要性和艰苦性等等。另外，还可以激发大家考察家乡和各地的典型地质地貌的兴趣。这些会对日后的学习乃至工作起到积极的作用。

注意事项

1. 考察前要充分做好准备，多带点衣物。有条件的话还可携带一顶帐篷，以便休息。

2. 夏天紫外线强烈，防晒措施必不可少，应该准备诸如防晒霜、墨镜、户外面罩、帽子等物品。

3. 适当的带一些水果等，及时补充水分。

4. 必须带好通信工具、充电器、手电筒、食物、水以及一些求生工具。

名人故事

地质学家李四光

我国杰出的地质学家李四光，是地质力学的创造者，也是新中国地质事业的开拓者与奠基人。他以独到的学术见解创立的地质力学，不仅圆满地解决了各种地质构造的形成机制，而且成功地指导了找矿工作。根据他的理论，我国相继发现了大庆油田、胜利油田、大港油田等重要油田，李四光为祖国建设做出了卓越贡献，在国际上享有很高的声誉。

李四光

李四光求学期间，学习刻苦，生活清贫。在日本留学期间，为了省钱，他常常把生米放进暖水瓶中，加上开水浸泡一夜，第二天就着咸菜吃。除了学习、生活，李四光更关心祖国的命运。他常在留学生会馆听演讲、报告，结识了许多民主革命家。1905年，李四光在东京见到了他敬仰的民主革命先行者孙中山先生，并参加了孙中山领导的革命组织——“中国同盟会”的成立大会和宣誓仪式。孙中山曾亲切地摸着李四光的头说：“你小小年纪就参加革命，很好，一定要努力向学，蔚为国用。”当时，李四光年仅16岁。

1913年，李四光远赴英国继续深造。那里是资本主义文明的故乡，是近代产业革命的发源地，可谓是车水马龙、五光十色。但在李四光的眼里，这一切无异于过眼云烟，他心里更渴求的是知识和科学。经过慎重的选择，李四光决定进入在采矿方面较为著名的伯明翰大学。

功夫不负有心人，1918年5月，李四光用英文写成了一篇长达387页的论文——《中国之地质》，并提交伯明翰大学地质系。6月，他通过了论文答辩。由于这篇论文，李四光被伯明翰大学授予自然科学硕士学位。不久，李四光接到了时任北京大学校长的蔡元培先生发来的聘书，请他回国担任北京大学地质系教授。1920年，李四光带着为真理奋斗的治学精神，带着报效祖国的满腔热血，结束了漫长的求学之路，回到北京。

李四光到北大地质系后，主要讲授岩石学和高等岩石学两门课程。他备课认真，一丝不苟。对学生的要求也很严格，特别注意基础知识的积累和基本功的训练。从岩石的肉眼识别，到显微镜下的鉴定以及进行全面的化学分析，他都要求学生掌握。李四光还极其重视书本以外的知识，经常带学生赴野外考察，边看边讲、边讲边看，要求同学们大量采集标本，回来后，归类整理，陈列在实验室供教学研究之用。

20世纪50年代以前，不少地质学家抱着悲观的态度看待中国石油资源。美国斯坦福大学教授布莱克威尔德来中国调查后说，中国是贫油国家。但是，李四光根据自己对中国地质的深入研究，认为“中国贫油论”是没有事实根据的。

经过3年的石油普查工作，李四光在新疆、青海、四川、江苏、贵州、广西及华北、东北等地找到了几百个可能的储油构造，并在柴达木等地探到了具有工业价值的油流。1959年，他又发现我国最大的油田——大庆油田，为我国社会主义现代化建设做出了巨大贡献。

大庆油田

古迹寻访

家乡是一个亲切、温馨的字眼。家乡的文化传统可以反映家乡的历史风貌、文化背景；家乡的风景名胜可以体现家乡的自然风光；家乡的特产特色可以承载家乡的风情民俗、人文内涵。它们的历史渊源、经济价值、文化底蕴，值得我们去了解、探索。

活动方法

1. 收集名胜古迹的相关信息，如：

浙江的西湖、乌镇；

陕西的兵马俑、华山、西安老城；

山西的晋祠、平遥古城、介休绵山、黄河壶口瀑布；

安徽的黄山、九华山；

江苏南京的明孝陵、石头城；

内蒙古的成吉思汗陵、青冢；

山东的泰山、青岛海景；

河南的云台山、嵩山少林寺；

等等。

2. 实地寻访，记录名胜古迹的相关信息。

（1）考察名胜古迹的特点与由来。了解名胜古迹的建筑特色，感受其独特的美感及蕴含的人文精神；了解其历史及其背后的故事，感受历史的沧桑与厚重。

（2）考察历史文化遗迹，主要包括名人故居、故里、碑刻等。历史文化遗迹可以从不同的侧面反映特定历史时期人类的社会活动、社会关系、意识形态以及利用自然、改造自然的状况，可以帮助人们认识和恢复历史本来的面貌，特别是对没有文字记载的人类远古历史，它成了人们了解、认识这一历史阶段的主要依据。历史文化遗迹是人类宝贵的历史、文化财富，我们一定要格外珍惜。

（3）考察某些地名的由来。地名是民族历史和文化的一部分，与人类的社会实践紧密相连。它从一开始就蕴含着丰富的文化内涵。

有的地名与宗族相关。在广大的农村，人们的宗族观念根深蒂固，往往同族同姓的人家居住在一起，由此形成一个村落，这些村落的名字便以聚居的宗族人姓命名，如赵家庄、王家营、李家集、苏家港、吴村等。

有的地名与经济类型有关。许多街名、胡同名，同过去某个时代的社会市场、手工业、畜牧业等经济活动有关系，如珠宝市、灯市口、菜市口、绒线胡同、鲜鱼巷、琉璃厂等。

有的地名与历史有关。北京是元、明、清及民国初期的京都，官府、王府、衙门很多，其中有些官府的名称仍保留至今，如相府胡同（宰相官府的旧址）、国子监街（明清的国子监所在地）等。北京的许多名园，大都是清朝皇家或王公贵族的园林及私宅府第，如颐和园、圆明园、景山公园、钓鱼台等。

有的地名反映了与各民族语言的融合，例如北京、天津等地的“胡同”便是从元代蒙古语而来。蒙古语中的“胡同”指水井，元代北京人喝水靠水井，许多胡同因水而得名。

有些地名是为纪念那些为国家或人民事业做出贡献的历史人物或民族英雄，如中山县就是为了纪念孙中山先生，还有山西省的左权县、吉林省的靖宇县、黑龙江省的尚志县等。

左权将军像

北京胡同

还有的地名反映了人民的普遍感情。由于历史上中国长年战乱，因此社会上普遍产生一种求天下太平、安宁的心态，把安居乐业、和平昌盛的生活当作美好的理想，反映到地名上，如长春、吉安、泰安、安庆、永吉等。

3. 考察结束后，整理信息，与亲朋好友们分享你的收获，或者写成个人的“著作”。

培养品质

通过这样的活动，学会利用多种途径获取信息，培养收集、处理信息的能力，能大胆地对事物作出判断，并提出自己的观点。通过活动学会与人交流、合作和分享，学会做人、学习、生活和创造。

注意事项

1. 出发前先要做好规划，定好路线，安排好行程。
2. 最好不要单独行动。可与家人或朋友，趁着假期出发，既可以放松心情，又能增长见闻。
3. 活动期间不要乱涂乱画，不要损毁文物。
4. 尊重当地的习俗文化，真诚做人。
5. 要注意保护环境，个人垃圾要带离活动区域。

名人故事

六尺巷的来历

在安徽桐城，有一个小巷子只有六尺宽（1尺=0.333米），上面写着六尺巷。邻里之间闹矛盾，从巷子这头走到那头就和好了；两口子吵架，从巷子这头走到那头就和好了；兄弟之间不和睦，从巷子这头走到那头就和好了。这个巷子为什么这么神奇？

据《桐城县志》记载，清朝康熙年间，文华殿大学士兼礼部尚书张英的家人与邻居吴家在宅基地的问题上发生了争执，两家大院的宅基地都是祖上的产业，时间久远了，本来就是一笔糊涂账。两家人公说公有理，婆说婆有理，谁也不肯相让一丝一毫。由于牵涉到尚书大人，官府和旁人都不愿沾惹是非，纠纷越闹越大，张家人只好飞书京城把这件事告诉张英。

张英阅过来信，释然一笑，挥起大笔写道："千里家书只为墙，让他三尺又何妨。长城万里今犹在，不见当年秦始皇。"然后交给来人，命他快速带回老家。家里人一见来信，意思很明白，主动在争执线上退让三尺。邻居吴氏一家很受感动，也把围墙向后退了三尺，两家的争端很快平息了。就此，两家之间空了一条巷子，有六尺宽，有张家的一半，也有吴家的一半。村民们可以由此自由通过。六尺巷由此得名。

张英的宽容旷达让六尺巷的故事被广泛传诵，至今依然带给人们不尽的思索与启示。

第十八章　民俗调查与人物采访

民俗调查

“民俗”主要是指民间流行的风俗习惯。它是人们在长期的社会生活中相沿成袭的生活及文化活动。中国有56个民族，丰富多彩的民族风情、民俗文化都是不可多得的资源。它们体现在人类生活的方方面面，诸如衣着打扮、居住饮食、生产旅行、买卖交易、婚姻丧葬、姓名称谓、人际交往、岁时节日、信仰宗教、礼仪禁忌、游艺娱乐、结盟议事、财产分配等。而民俗调查活动可以带领我们走进历史，品味历史，从而保护、传承这些珍贵的文化遗产，共同守护我们永恒的精神家园。

陕北特色民俗

活动方法

1. 调查当地的节令习俗。传统节日目前主要有八个：

（1）除夕——农历十二月三十；

（2）春节——农历正月初一；

（3）元宵节——农历正月十五；

（4）清明节——春分后15天；

（5）端午节——农历五月初五；

（6）七夕节——农历七月初七；

（7）中秋节——农历八月十五；

（8）重阳节——农历九月初九。

2. 调查当地的民间社火。

民间社火，是春节期间民间自演自娱的活动，来源于古代人们对土地与火的崇拜。社即土地神，火即传说中的火神，古人对土地与火的崇拜，产生了祭祀社火的风俗。随着社会的发展，人们认识能力的提高，祭祀社火的仪式逐渐增加了娱乐的成分，成为规模盛大、内容繁复的民间娱乐活动。

热闹的社火表演

3. 调查当地的服饰文化。

服饰与文化总是息息相关，密不可分的。不同时期的文化，有不同的服饰出现；不同的地域环境和风土人情形成了绮丽多变的服饰风格。文化是思想的产物，不同的时代，不同的思想，不同的审美观，从服饰上可以看得清清楚楚。

4. 调查当地的特色小吃。

每一样特色小吃的背后，都承载了当地人文气息和历史文化底蕴。例如重庆小面，它将巴蜀地区的地域文化和人文风情完美地呈现在小小一碗面里。还有广州的肠粉，晶莹剔透，口感独特，代表着南方人特有的细腻和浪漫的情怀。它们就像中华文明长河里的星星，闪耀着它们特有的光芒。

5. 调查结束后，整理信息，与亲朋好友们分享你的收获，或者写成个人的“著作”。

培养品质

中华民族有着5000多年的文明史，中华文化源远流长、博大精深。它作为一种积淀型文化，长期以来，形成了一种具有相对稳定性的民族精神。我们今天的许多传统节日与习俗，都是传统文化的凝结，都有着特定的思想内涵。调查了解传统节日与习俗，可以增强民族自豪感，弘扬民族精神与创新精神，培养爱国主义情感，激发更大的想象力和创造力。

注意事项

1. 调查前要先做好规划，安排好行程。
2. 调查时要注意自身安全和文明礼貌，多了解一些民族禁忌。
3. 主动、大方地与人交流，积极、自信地参与活动。

人物采访

人物采访，是一种专门性的问题解答方式，是带着目的对有关人士进行专门的采访，是以记者同人物的谈话为主取得直接材料并穿插背景材料而成的一种特殊通讯。它比一般报道要详细而生动。

采访中少不了采访对象、记者两个因素。人物采访的特点在一个“专”字，重点是一个“访”。“采”得好，“采”得细，对人物就有较为深刻的了解和认识，就能够把握人物的性格特征，从而发现人物的闪光点，以便更加准确地提炼主题，让读者想看、爱看，又觉得可信、可亲、可学。

活动方法

人物采访集互动性和体验性于一体，可以从身边的小事入手，去发现、了解身边的好人，感受他们的精神与美德。采访中，一定要精心安排好问题及措辞，不要忘记自己采访的目的，同样问题可反复提，对方回避的问题也可迂回再问，或换一种方式继续问。

1. 分工合作，对人物背景作调查和了解。采访前要精心准备，可以收到事半功倍的效果。

（1）熟悉和研究已（或将）发生的事件、采访对象的基本情况。

（2）查阅相关资料和知识，掌握采访人物所在行业的特点和未来发展情况。

2. 提前预约。可以通过适当的方式提前与被采访者取得联系，约定好采访时间、地点、方式和内容等。

3. 问题设计。在采访过程中，要确立主题，围绕主题事件精心设计几个问题。一些问题也可以现场发挥，但关键的问题一定要做准备。主题明确既可保证采访有的放矢，也能提高时间的利用效率。设计几个问题其实也就是明确采访的大纲和思路，有助于你控制局面，把被采访者引到主题上来。

4. 检查有关设备的准备情况，如摄像机、话筒、录音笔、照相机等，并提前赶到约定地点。

5. 采访过程中，一人负责主要提问，其余人员负责记录。第一个问题很重要，要设计好。

6. 总结采访笔记，交流心得感受，并撰写采访报告。

培养品质

通过查资料、采访、完成报告等活动，让参与采访的人在活动过程中接受教育、开阔视野、陶冶情操，培养自身的创造能力。

注意事项

1. 多准备一些问题，在采访之前最好和被采访者进行沟通。根据个人习惯，这些问题可以写下来，也可以默记在心。

2. 不要以一个空洞、乏味的问题开始采访，根据不同的情况，可以问一些比较新的问题，也可以问一些比较个人的问题，甚至可以是天气。

3. 在当面采访中，要注重和采访对象的交流，比如眼神不要闪烁，而应该专注，或者通过神态上的变化，来和采访对象建立起融洽的关系。

4. 在采访中问题不要太长，最好一次问一个问题。

5. 在采访中，有时会出现停顿或者沉默，要想办法尽快结束这种局面。

名人故事

记者柴静其人其事

1976年出生在山西的柴静，从小沉默寡言，识字早，却没什么书看，手边读物是父亲的中医书。

大学时柴静在长沙铁道学院学会计，她不喜欢，笔记本上一边是经济笔记，一边抄着亦舒的言情小说。1996年毕业后，父母安排她回山西老家省铁十七局做会计，她不肯，执意留在湖南，主持一档名叫《夜色温柔》的本地夜间广播节目。每月300元钱，一半用来租房，一半用来生活。她不为赚钱，也没想成名，只是喜欢这个行业带来的"人与人之间的生命往来"。

柴　静

每个周末午夜，她都守着电台，如约道来："我是柴静。火柴的柴，安静的静。"多少个夜晚，穿越时空和夜雾的阻隔，慰藉暗夜里那些看不见的伤感和寂寞。节目成为名档，拥有了大批听众，她的声音通过电波成为这座城市里的周末夜宵。

梦里不知身是客。三年的时光匆匆闪过，她决定去读书，去意坚决。后来，她出了第一本书《用我一辈子去忘记》。书里的一段话，这样记录她当时的心境："我辞职去往北京，带着北京广播学院的通知书，刚够用的金钱，面目不清的未来和22岁的年纪。"

23岁，柴静偶然进入央视《东方时空》。第一晚通宵录完节目，内心受到极大震动，她明白了"灾民在你肩上哭泣，才是新闻的价值"。遂从主持人转型为记者，试着将自己融进新闻，做新闻里的那个人。她说自己终于明白，对世界的认识，是要行万里路才能得来的。

2003年，“非典”肆虐时，她深入到一线，七次与病人面对面。苍白的小汤山病房里，裹在消毒服里，一张瘦弱苍白的脸，一次次把最有力的信心带给观众。这一年里，全国的观众都记住了央视这个瘦弱勇敢的女记者。她被评为“2003年中国记者风云人物”。

2008年汶川地震，柴静被派往前线，偶然碰到一家人，决定跟他们回家。没有线路，放弃直播，主编在电话里问：“你想要做什么?”她第一次答：“不知道。”山中几日，有什么拍什么，没有就不拍。拿回来的素材没有连续的情节，只是每天的日常琐事。《杨柳坪七日》播出后，观众写信：看一遍哭一遍，平实的叙述和人文的关怀打动人心。央视的一位老人看过《杨柳坪七日》后说：“以前柴静是一个漂亮姑娘，她自己也忘不了这点。但这个节目，她忘了，她跨入成年了。”

柴静说：“从这期节目，我开始转变。以前会害怕发生什么，但现在却很踏实这种‘不知道’的状态，不知道就是不知道，这是一种对生活的敬畏。那年，我32岁，经历过亲人去世，了解死亡，知道人都是怎么活过来的。经验告诉我：生活就像水，自己会长出来。你能做的是没有任何预设地放下，看着水流迎岸拍上。我更喜欢这种春雨绵绵的感觉，像人生一样，说服和解释，很累。”

她在博客里写：“写字不是义务，写本身就是写的报酬。”

网上有她的照片，不多，眼眸清亮，极爱系围巾，红的，蓝的，黑的。依然一个人，背着大包穿着平底鞋跑现场。依然安静、寂寞，多年不改的对文字的热爱。

2015年2月28日，从央视辞职的记者柴静，推出了她自费拍摄的雾霾深度调查《穹顶之下》。柴静在采访中表示，孩子生病使空气污染成为她不能回避的问题，因此在一年的调查中，柴静作为一位母亲而不是调查记者，围绕“雾霾是什么？从哪儿来？我们该怎么办?”进行了一系列调查。无论是曾经的记者身份还是现在母亲的烙印，都显示了其追求真理的社会责任。

第十九章　让我们乘着热气球去旅行

据说，每个人都有三个庸俗的梦想：飞翔、永生和预知未来。永生和预知未来至今仍是人类无法破解的难题，相对而言，飞翔就容易得多了。如今，国外一年一度的热气球节以及气球大游行备受追捧，这可能正是人们对飞翔梦想的践行，毕竟谁不希望自己可以有一对翅膀，在天空中自由翱翔，享受“君临天下”的感觉。

卡通造型热气球

每个人都摆脱不了飞翔的诱惑，就连无欲无求的大圣人庄子也以“抟扶摇而上者九万里”的大鹏作为自己理想的化身，更何况我们这些凡夫俗子。也许是基于对飞行梦想的追逐，18世纪法国的蒙哥尔费兄弟发明了世界上第一只热气球。从此，人类的飞翔梦不再遥远。随着热气球材料的改进、制作工艺的提高、驾驶技术的日臻完善，热气球飞行已成为任何地点都可进行、任何人都可尝试的新型空中体育项目，更不失为一种财富、身份、性格和勇气的象征。

随着这一运动的发展，那些热气球的追捧者们希望将自己带上天空的不再是一只愣头愣脑的巨型气球，他们希望自己的热气球可以更俏皮、更可爱或者更冷酷、更有特点。于是太阳花、小蜜蜂、黑武士造型的热气球在热气球节上开始盛行。此外，由于热气球运动本身就属于一种贵族运动，所以世界很多精明的企业家都不惜一掷千金赞助热气球比赛和探险活动，如可口可乐、百事可乐、米其林和财富杂志等都有自己庞大的热气球队伍。而这些企业也不会放过任何一个为自己品牌造势的机会，于是可口可乐气球、麦当劳气球在气球节上屡见不鲜。

由于热气球的造价比较高，飞行的费用和学习的费用也相对较高，所以热气球运动在中国还是贵族运动。目前，国内大约只有200人拿到了民航颁发的热气球飞行执照。

除了热气球外，气球游行也是国外庆祝节日的一项传统项目。虽然是传统项目，但每年游行中的气球造型各异，仍然能给人带来不小的惊喜。而在这些造型中，卡通人物、电影中的英雄人物往往会成为主角，游行的人牵着这些造型各异的巨型气球在街道上行走，如果不是那些若隐若现的线，猛地一看，你一定会以为那些非现实中的人物组团来地球旅行了吧。

活动要求

在准备热气球运动之前，首先要了解清楚热气球俱乐部的资质。要详细咨询航空俱乐部的经营历史以及安全记录等数据，如成立年限，参加过的国内、国际性比赛成绩等。在搭乘之前，还应查看热气球设备的自身条件，比如用尼龙或涤纶材料缝制的球体是否比较新，用藤条编制的吊篮是否整洁密实，篮内的燃烧气瓶、管道及燃烧器是否完备等。一个热气球的使用年限约为9年，而且必须进行年度检查。

其次，由于热气球没有方向舵，它的运动方向必须是随风而行。不同高度、不同时间、不同地点，风向都是不一样的，想调整方向就需寻找不同的风层。热气球的升和降与球体内气温有关，球体内气温高，气球重力小于浮力时，气球就上升；球体内空气温度下降，球体产生的浮力小于球体自身重量，气球就开始下降。因此，它的安全性很大程度上也与飞行员本身的操作水平息息相关，只有拥有商用驾照的飞行员才能操作商用飞行器。

再者，乘坐热气球的人，尽量穿棉质面料的服装和运动鞋，不宜穿裙装、高跟鞋、凉鞋等，做好防寒措施。此外，为防止灼伤，最好身着长衣长裤，佩戴棉质帽子。另外，切勿在大风、大雾等恶劣天气乘坐热气球。

培养品质

热气球运动作为一种新兴的体育运动，虽然还未被更多人尝试，但形成热潮将是不争的事实。乘坐热气球感受飞翔的乐趣，欣赏美丽的风景，不仅可以愉悦心情，还可以培养开朗、包容的性格，锻炼自己的勇气与胆量。此外，现场火热的氛围、精彩绝伦的表演和前所未有的体验，有助于培养创造力和想象力，培养团队合作意识。

注意事项

1. 高血压、心脏疾病患者不建议参加此类活动。

2. 热气球飞行对气候条件有所要求，一般要求风速不大于8米/秒；没有降水；能见度不能少于1500米。应考虑到热气球可能因为天气的原因不能飞行。

3. 在即将降落时，体验者必须面向前进方向，用手扶好吊篮的边缘，采用微蹲的姿势。

名人故事

福塞特：热气球环球飞行第一人

2002年7月2日，美国富翁、著名冒险家史蒂夫·福塞特驾驶“自由精神号”热气球，在经过13天半，飞越30000多千米后，顺利飞回到他出发的澳大利亚上空。至此，在经过多年的不懈努力后，福塞特终于成为人类独自不间断乘坐热气球环球飞行的第一人。

史蒂夫·福塞特

福塞特此次飞行总体十分顺利，基本没有遇上太大的麻烦，飞行速度大约保持在100千米／时左右，最快时曾达到320千米／时。环球飞行中，福塞特生活在一个狭小的密封舱里，通过面罩呼吸氧气，靠军用干粮充饥。此外，他还必须从暖和的封闭舱中爬出来，在零下45摄氏度的低温下更换热气球的燃料箱。当福塞特成功飞越终点时，他在跟地面指挥中心通话时兴奋地说：“这是一个美好的时刻，在经过6次尝试后，终于取得成功，只可惜这儿就我一人，没法与大家一起喝香槟酒庆贺。”